文史哲學集成

吳八駿著

梁啓超與戊戌變法

文史哲出版社印行

國家圖書館出版品預行編目資料

梁啓超與戊戌變法 / 吳八駿著. -- 初版 --
臺北市：文史哲, 民 73.06
面；　公分 --（文史哲學集成；103）
ISBN 978-957-547-308-2（平裝）

文史哲學集成 103

梁啓超與戊戌變法

著　者：吳　八　駿
出版者：文　史　哲　出　版　社
http:// www.lapen.com.tw
e-mail:lapen@ms74.hinet.net
登記證字號：行政院新聞局版臺業字五三三七號
發行人：彭　正　雄
發行所：文　史　哲　出　版　社
印刷者：文　史　哲　出　版　社
臺北市羅斯福路一段七十二巷四號
郵政劃撥帳號：一六一八〇一七五
電話886-2-23511028・傳真886-2-23965656

實價新臺幣二〇〇元

一九八四年（民七十三）六月初版

ISBN 978-957-547-308-2　00103

梁啟超與戊戌變法　目次

壹、前　言

變動是歷史發展的必然現象，但突變、巨變則是考驗歷史的試金石。中國自來經歷了兩次鉅大的變動時代，其一爲秦漢帝國的建立，結束了列國紛爭，開創了大一統的局面。其二在清末，由鴉片戰爭直到滿清覆滅、民國成立，百餘年間，風雨飄搖，有形無形，一切均在銳變之中。

由秦至清凡二千多年，其間雖則朝代經歷變遞，但整個社會組織、經濟結構、政治體系、道德標準和人際關係等，因受到傳統文化和思想的制約與影響，並未有劇烈的改變；即使是酷吏、劣紳的惡行，律法的嚴苛，照理是不堪忍受的行爲，竟都在安份、知足的觀念下加以容忍，充份顯示出儒、釋、道家等思想對國人所產生的力量。

第二次變局的來臨：清代以前，我國外患多來自西北邊疆，多爲游牧民族，在文化程度上較已進入農業社會的漢族爲低；彼等性情不論如何驃悍獷野，漢族都堅守以柔克剛、以靜制動的原則，用潛移默化的方式，使外敵剛勁之氣消弭於無形，而加以同化（註一）。但時至近代，西方列强以其鉗形攻勢，分從北方及東南沿海入侵，適逢乾嘉以後，衰象已露，列强大力推動其政策，如日中天，遂以武力攻破我國閉關自守的局面，侵佔土地、掠奪財物、凌虐人民，更强行推銷他們的制度、學說和思想，使我國整個政治、經濟、社會、思潮和生活方式，都發生了史無前例的變化。正如李鴻章所稱，近代中國的遭遇「實爲數千年來未有之變局。」李氏此語可說正式宣布一個新的時代業已到來！難怪戊戌變法主角之一的梁啟超，要將中國歷史劃分爲三個時代了，這三個時代是：㈠自黃帝以迄大秦帝國的統一，稱爲「中國之中國」，㈡自秦至清乾隆末年，稱爲「亞洲之中國」，㈢乾隆末年以後，稱爲「世界之中國」（註二）。

近百餘年間，外患日亟，國事日非，有識之士在中國傳統「以天下爲己任」的責任感催促下，從事了三次救國圖存運動。首先在同治、光緒年間，以李鴻章爲重心的自强運動（或稱洋務運動），內容著重在外交及國防重工業方面的建設。但結果却經不起甲午一役日本的挑戰，三十餘年的努力，竟慘敗於東方蕞爾小國！

經過這次慘痛的教訓，無論是朝野的愛國志士，甚至連腐敗的清廷，都開始檢討自强運動的缺失，認爲西方除「船堅砲利」以外，其他在法政、教育等各方面，也有其長處；因而展開了政治上的兩大主流行動：維新變法和國民革命。前者爲康有爲和梁啟超師生所主張，雖獲得德宗的支持而大力推行，不幸因受阻於强大的守舊勢力，他們在慈禧太后和榮祿的積極佈置下，發動「戊戌政變」，維新僅及百日，終歸失敗。後者則爲　國父孫中山先生所提出的救國方案，開宗明義，即指出清廷腐敗已不足恃，而以三民主義爲救國建國最高指導原則，順應世界潮流，合乎中國道統，以實際行動印證理論，肇建民國，使中國臻於富强之林。

自强、維新、革命都是近代史上的大事，三者有其關聯，其目的就在「變法圖强」；因此，一部中國近代史，可說是中華民族「對西方的回應」（China's Response to the West）。戊戌變法就是其中最重要的一環。

戊戌變法與日本維新幾乎同時，但一成一敗，原因何在？是由於中日國情不同，政制迥異，時代背景也相差甚遠所致。雖然戊戌變法在短暫時間內，即被迫結束，但變法圖存的運動幷未因此而煙消雲散。戊戌變法異於自强運動者，不但在對世界大勢認知上超越了它，更在宣揚革命、主張君憲等政治主張上，是採取主動的、積極的方式，在海外向華僑青年以及留學生闡明他們的政論，甚而藉著報刊雜誌和留學生返國的良機，在國內流傳；以致清廷爲之震撼，而加速覆亡，其所產生的影響力是不容忽視的。

梁啟超是康有爲的高足，且具有高度的愛國熱忱和豐富的感情。但由於康氏藉保皇之名向華僑募集鉅款，未善加利用；加上光緒卅二、卅三年間，梁氏在新民叢報上與革命派的民報展開長期筆戰，力主仿照英、日的君主立憲，而曾一度被視爲革命的主要阻力。因此民國以後，國人對梁氏在贊助共和大業上誤解甚深，甚至有指其爲漢奸的。現舉其犖犖大者數端，略述於下：

㈠梁氏在政論上無定見，忽而革命，忽而君憲，認爲這是梁氏的個性使然；梁氏在清末，即曾自承不諱，他說：「……故自認爲眞理者，則舍己以從；自認爲謬誤者，則不遠而復，如惡惡臭，如好好色，此吾生之所長也。若其見理不定，屢變屢遷，此吾生之所短也。」（註三）他又說：「啟超即日倡革命排滿共和之論，而其師康有爲深不以爲然，屢責備之，繼之婉勸，兩年間函札數萬言。啟超亦不慊於當時革命家之所爲，懲羹而吹虀，持論稍變矣。然其保守性與進取性，常交戰於胸中，隨感情而發所執，往往前後相矛盾，嘗自言曰：『不惜以今日之我，難昔之我』，世多以此爲詬病。」（註四）梁氏的自我批評，使責難者更振振有詞。

㈡梁氏在政論上受制於康有爲，至少受康氏的影響很深，近人曾說：「梁氏實亦一介書生，其爲人重感情而善變，……。平心而論，梁氏在學術上的貢獻，勝過乃師，在政治上的主張，則惟乃師之馬首是瞻，故亦同歸於失敗而已。」（註五）

㈢梁氏對政治革新空有理論，不切實際，才有餘而識不足。批評者說：「康梁二氏以狂妄書生的本色，從事於政治改革運動，實非其所長，更非其所宜。觀於康氏屢次所上萬言書，未嘗不慷慨激昂，說來頭頭是道，但他們實犯了賈誼同樣的錯誤；賈誼是一個書生，未必能爲大臣、儒臣與功臣，蘇東坡評其爲「志大而量小，才有餘而識不足」。此二語以之移贈康梁二氏，雖不完全確當，但亦庶幾近之。」（註六）

㈣梁氏無民族思想，缺乏世界大勢與政治潮流的認識，批評者認爲康梁的維新變法運動，就政治革新的觀點而言，其才識超越曾國藩、左宗棠、李鴻章諸人之上，但這不過時勢使然。「如就其甘爲『滿奴漢奸』而無民族意識，這一基本觀念而論，則他們都是一丘之貉，絕不能說此勝於彼。觀於康梁二氏於戊戌政變失敗之後，復從事於組織『保皇黨』，以與 國父的國民革命相抗衡，可知其不但無民族思想，亦且缺乏世界大勢與政治潮流的智識。」（註七）

在梁氏逝世後五十年，謝康教授爲這一位清末民初縱橫政壇上的怪傑，有如下一段評論，他說：「民國十八年一月十九日，新會梁啟超（別號任公）……死在北平協和醫院……當時北平和上海的知識分子，包含任公的親友和學生在內，都爲他分別舉行規模還不算小的追悼會。但因中國國民黨於十七年剛統一全國，黨中的前輩要人，因不滿意任公早年對同盟會及國民黨唱反調的態度和言論，所以多不去參加這個追悼會。雖則後來國民政府遷都重慶後，於三十一年對他也曾頒發過表揚令，但只說他對於思想啟蒙和學術上的貢獻；而對他於戊戌維新及民國四年至六年這兩個階段，提倡新政及維護共和政體所作出的貢獻，則略而不提。政治上的恩怨，常常影響到人們的思想感情，使客觀的理性蒙上一層陰影，而爲感情所支配，雖號稱賢者或正人君子，有時亦不能免。」（註八）

梁氏一生從事政治活動的時間多達廿四年，獻身教育時間僅十一年，故梁氏被稱爲政論家，絕非過當。同時梁啟超所生長的時代，中國已瀕臨生死存亡的關頭，梁氏目睹時艱，從事救國運動。他深知中國傳統儒家文化已不能應付當前的變局，一味地排拒西方文化是一種毫無意義的衞道行爲，嚴重地阻礙中國的進步；因此，呼籲有識之士應效法西方的長處，使中國早日邁向富强，一湔前耻。在致力於中國近代化（卽西化）運動的知識份子當中，梁啟超無疑地是具有代表性的領導人物，他的熱誠和文釆，透過他那常帶感情的筆鋒，使熱心青年投入救國革命的洪流，使中國逐漸走上近代化的道路。（註九）

平心而論，梁氏倡導變法，掀起震撼清廷的政治革新運動，事雖不成吾人不宜以成敗論英雄，況在民國成立後，他也贊助共和、推翻洪憲帝制，事實俱在。此外，梁氏的君憲主張幷非保皇，變法與革命相互影響，終能完成肇建民國的大業。同時他的言論，影響世局的推移、民智的啟迪，居功厥偉。（註一〇）

本文的重點共有四部份：㈠康梁倡導變法圖存的時代背景，顯示出變法係朝野知識份子一致的要求，其差異僅在漸進與急進而已。㈡戊戌變法前，梁啟超的政治活動，重視宣傳，開啟民智。時務報時期已對清廷不滿，民族思想業已萌芽，但尚徵引其緒，未敢倡言。時務學堂時期，梁氏醉心民權，倡言革命。㈢從梁氏實際參與戊戌變法的經緯，顯示出他根本沒有保皇的意念。而在他流亡國外初期，繼續推展維新運動，倡言革命排滿；言詞激烈，當時言論界無人能與之抗衡。并已向 國父保證，名為保皇，實則革命。㈣梁氏在政論上的君憲主張，係英國的虛君體制，與民主共和可說是殊途同歸。且明言君憲為過渡時期，那麼共和政體的終極目標實為梁氏的政治理想；此一理想為梁氏一生從事愛國救亡運動，從未更易。

【附註】

註一　屠炳春，中國近代史要略，頁一六。

註二　梁啓超，飲冰室文集六，頁一至一六。

註三　梁啓超，答和事人，飲冰室文集一一，頁四七。

註四　梁啓超，清代學術概論，頁六三。

註五　李　雄，康有為梁啓超變政維新運動的評價　反攻，第一七七期，頁三。

註六　同右，頁五。

註　七　同右，頁四至五。

註　八　謝　康，閒話梁啓超，中外雜誌二三卷五期，頁一〇。

註　九　王壽南等編，中國歷代思想家（十），頁二。

註一〇　同註八，頁一五。

貳、變法之形、勢與情

近代中國經歷三次列强武力之入侵，而每次都有適度的回應。鴉片戰爭後，重視海防；英法聯軍之役，決心「師夷之長技以制夷」，所謂「船堅砲利」政策；中日甲午之役後，中國政治上發展爲二道主流：其一爲國民革命，其一卽爲戊戌變法。

戊戌變法時間雖甚爲短暫，前後僅一百零三天，但從整個中華民族受外力的侵凌，從苦難中爲求生存變法圖强的歷程來說，它上承自强運動的失敗，下開立憲派之先河；它正是自鴉片戰爭到推翻滿清，建立民國，一系列愛國運動的一部分。更由於變法的失敗，一方面加速清室的覆亡，一方面使熱血青年、愛國志士投入革命的洪爐。無可否認的，無數革命志士是受了梁啟超宣揚民族主義的感召而犧牲奮鬥的。

清末民主的潮流逐漸迫近，爲時勢所趨，任何人都無法抗拒此一變局。究其原因，一言以蔽之，則爲內憂與外患；兩者常互爲因果，不易區分。嚴復上光緒帝書中也提到：「臣惟中國之積弱至於今已爲極矣。此其所以然之故，由於內治者十之七，由於外患者十之三耳。

而天下洶洶，若專以外患爲急者，此所謂目論者也。且卽外患而言，其勢之至於今日者，不自今日始也。」（註一）嚴氏的看法，外患者內憂之延續，淸廷敗象已露，惟全面革新始足以自存。因此，可說戊戌變法爲中國民主政治帶來了曙光。東漢史家荀悅說：「夫立策決勝之術；其要有三：一曰形、二曰勢、三曰情。形者，言其大體得失之數也；勢者，言其臨時之宜，進退之機也；情者，言其心志可否之實也。故策同事等而功殊者，三術不同也。」（註二）照荀悅所說，天下每逢變局之際，必包含形、勢與情三部分。依戊戌變法時代而言，其形則爲外患之轉劇，其勢則爲自強運動失敗與回應，其情則爲變法運動之啓迪。

一、變法之形——外患的轉劇

康熙廿八年（一六八九）中俄簽訂尼布楚條約，使尼布楚及其以西之地爲俄所佔；爲我國與近代列強外交關係進入一個新階段，亦爲俄國侵華之始。到了雍正五年（一七二七）中俄復訂恰克圖條約，我國喪失了貝加爾湖與色楞格河交叉地區約八萬方哩土地，以及額爾齊斯河上游以東至薩彥嶺之地。從此我國北方邊疆未能安靖，俄帝見我國代表對領土主權與疆界的愚昧，更積極展開對中國侵略計畫。在東南沿海方面，英國首先啓釁，我國忽戰忽和，鴉片戰爭後簽訂南京條約，我國割香港與英，開五口通商，償款共二千一百萬元。當時國人對此約的反應幷不强烈，僅在民族自尊心上蒙上一層陰影而已。英吏更利用中國官吏昧於歐美國際法，誘使中國簽訂一連串「善後章程」、「中英五口通商章程」和「虎門條約」，使英國未經戰爭而輕易取得諸如領事裁判權、協定關稅、設立租界和片面最惠國待遇等利權，是為中英不平等條約之始。咸豐末年，兩次英法聯軍之役，中國分別與英、法、美、俄四國簽訂天津條約、北京條約。（註三）

這些條約的簽訂擴大了列强對中國的野心，此際中國對西洋的「船堅砲利」為之震驚，雖有自强運動的產生，但只能說是惡夢初醒，對大淸帝國在國際上的地位仍深具信心。在外交上，對歐美則採安撫政策，對日本則採聯俄制日之策。

近代中國所受外力的侵略，分別來自北方的俄國和東南沿海的英、法等國，此一鉗形攻勢雖同使我國受損，但其中仍有甚大的差異：

「第一、來自北方侵略的國家祇有一國（俄國），不若海道之諸國並進。因為只有一國，所以少競爭者，亦少破壞者。

第二、中俄國土接壤萬餘公里，曠野無垠，防不勝防。就地形與交通而言，自我東南地區，伸軍力於西北，途遠而阻隔，邊防形勢，利於彼而不利於我。

第三、俄國侵略以擴展土地為目的，來自海洋的侵略，則以經濟之榨取為目的；所以近代中國，爲俄所蠶食和鯨吞之疆土最多。

第四、我國東南是人口密集的精華地區，東南海疆有警，擧國注目；而西北、塞北等地遙遠，俄人侵略，不易提高警覺性」（註四）

英法聯軍攻佔北京，外侮日逼，雖有自强運動的開展，然而保守勢力仍未覺醒。再加上自强運動初卽因經費不足，計畫不夠周全，執行者亦無遠見，列强帝國主義對華的侵略幷未放鬆，越南、緬甸、哲孟雄、不丹、尼泊爾、暹羅等藩屬盡失。在此同時，日本明治維新後，國勢漸强，先併呑琉球，繼因朝鮮問題向中國挑釁，光緒十一年，中日天津條約中規定「朝鮮若有重大變亂發生，兩國或一國派兵應先行文知照，事後撤回不再留防。」（註五）根據此一規定，中國等於放棄對朝鮮的宗主權，爲甲午戰爭種下禍根。光緒二十年，朝鮮東學黨亂起，朝鮮政府不能平亂，中國遂派兵前往，亦依照天津之約通知日本，中國海陸兩軍到達朝鮮，東學黨聞風潰散。

甲午戰前，我國船砲多於日本，且自强運動領導人李鴻章，早已採聯俄制日政策，同時苦心經營北洋艦隊，而黃海一戰，海軍大部分被日本摧毀，陸軍亦於平壤失利，最後被迫訂馬關條約；中國除承認朝鮮爲獨立自主國外，幷割地賠款，開關通商口岸。淸廷腐敗無能，完全暴露無遺。至此，導致列强對華政治經濟的瘋狂侵略。

甲午戰後，俄國主動聯合德、法二國，共同干涉日本歸還遼東半島給中國，其目的一方面可制止日本在中國勢力的伸張，以免妨礙俄國在中國東北勢力的發展，同時又可討好清廷，引誘親俄派李鴻章繼續其聯俄制日政策。日本雖屈辱地放棄遼東，卻埋下了日俄戰爭的種子。俄國陰謀果然得逞，光緒二十二年中俄密約成立，俄國「於中國黑龍江，吉林地方接造鐵路，以達海參威，俄國可用所開的鐵路運兵、運糧、運軍械。」（註六）中、俄密約又引起各國覬覦，二十三年十月德國强佔我膠州灣，並强迫我國訂立膠澳租借條約，至此山東半島權益爲德人所奪。俄軍亦乘機佔我旅順、大連，在俄軍艦威迫下，訂立旅大租借條約：允許俄國租借旅順、大連灣二十五年，俄國得於旅順，大連建築炮台、營塞及燈塔；旅順成爲俄國之軍港，俄人並從旅大到哈爾濱築鐵路。（註七）至此，東三省成爲俄國勢力範圍。

英國爲重商主義國家，爲繼續保持其在華享有特殊之商業利益；加上德國既佔膠、澳、英人頗不平，光緒二十四年初，英國要求中國長江沿岸不得租借割讓給他國，又藉口爲抗衡俄國，强迫租借我國之威海衛爲軍港，以抵抗德俄（註八）。從甲午以後的六年間，中國不但沿海要港被列強分佔殆盡，列强更進而相約在中國劃定勢力範圍：俄國在東北，德國在山東，英國控制長江流域，法國則在西南。在此情勢下，中國面臨被列强瓜分之勢。

道光年間，中國對外貿易由於鴉片的進口，已由出超轉爲入超，南京條約簽訂後，鴉片在進口貨中高居第一位；後因國人自植，紗布取代了鴉片進口貨的地位。而我國的茶，絲出口也在銳減中。光緒末年，每年入超達一萬萬兩。外人復在各商埠設立工廠、銀行和輪船公司，洋貨充斥，我國民族工業大受打擊，沿海及長江河運又全受控制，沿岸城鎮商業蕭條，人民生計困迫。光緒年間，水災、旱災和飢饉連年，華北受害最爲嚴重，黃河多次決堤，田舍湮沒，人畜死亡，災區廣至直、豫、魯、皖等省；光緒二十五年直、魯、晉及蘇北久旱不雨，糧價猛漲，貧者無以爲生，賤價出賣子女。更可恨者，是清廷的搜括揮霍，官吏貪黷，以及對外賠款與外債，致使政府財政拮据；於是下令民間捐輸、增稅、商人按戶催繳，農民計田苛派。（註九）在內憂外患煎迫下，民生凋敝，經濟崩潰，愛國知識分子目睹時艱，從事全面革新之途，應是竟料中事。

二、變法之勢——自強運動失敗的回應

咸豐十年（一八六〇），英法聯軍陷北京，至光緒二十年甲午之戰，共三十餘年，這一時期政治的重心，在學習西洋的船堅砲利，以達到富國強兵的目的，亦卽「自強運動」。其基本理念，卽遵循魏源的「師夷之長技以制夷」，認爲西洋之強，僅在兵事，因而自強運動遂以國防工業爲重心，稍後延伸到民生工業　諸如：海關、通商、鐵路、輪船，甚至同文館

的設立，留學生的派遣，凡此都與軍事有直接關係。若解釋爲軍事上的洋化運動，亦不爲過。然在此同一期間，同治七年日本明治維新變法，亦係模仿西洋科學，機械和政治制度。他們派到歐洲留學生，大都學習律法、經濟，學兵甚少。三十餘年的自強運動，已使中國陸海軍雄居東亞第一位，朝鮮與越南留學生紛紛到中國學習軍事，舉凡西洋各國富強事業多已創辦。然此表面成績，却在甲午戰爭時遭到慘敗。

戰後，英使威妥瑪（Thomas Wade）答覆東方時局之問，說：「中國驕傲之氣不可一世，而所作之事，則正與相反，而其未肯豫備之處，則斷不能爲之恕也。前後六十年間，泰西官紳之遊華者，剴勸中國亟宜整頓，不啻口敝舌蕉，而中國仍率由舊章，不動不變。偶有急難，則似蝦一跳而水一動，及至事過情遷，則又相與淡忘矣。」（註一〇）可見甲午慘敗絕非偶然。此役帶給康、梁莫大的刺激。

甲午戰後三年，康有爲於光緒廿四年在北京開「保國會」，大聲疾呼從事救亡運動，指出當時積弊之深，說：「非經甲午之役割台償款，創巨痛深，未有肯翻然而改者。至此天下志士，乃知漸漸講求，自强學會首倡之，遂有官書局、時務報之繼起。於是海內繽紛，爭言新法，自此舉始也。然甲午之後，仍不變法，間有一二，徒爲具文；即如海軍電線鐵路船局船廠，間有一二，然變其甲不變其乙，變其一不變其二，牽連相累，必至無成。」（註一一）

自强運動時，軍事、外交的失利，實導源於內政的腐敗。清代內政的積弊，玆擧其要者於后：

其一、君權隆盛與滿漢隔閡：滿清入關之初，其統治策略一切以集權、防範、壓制漢人爲尙。二元化的中央官制，雖滿漢并列，但重滿輕漢，權位懸殊，軍機處軍機大臣以滿人爲主，且漢人懾於滿員勢焰，遇事惟有緘默以來自存。軍機大臣既無專職，亦無權力，僅奉令承教，使軍政大權操於皇帝一身。（註一三）君威之盛、君權之隆，爲歷代所無。滿漢之間的隔閡與衝突，始終未減，平日官員以明哲保身，遇事推諉塞責，不談國計民生，外力的侵凌，漸啟漢人民族意識。

其二、學校與科擧的缺失：清代學校教育不發達，國子監、府、州、縣學教學內容，僅以詩、賦、八股、書法爲主。且准許國子監的貢監生在監外肄業。學校教育徒具虛名。當時全國「讀書識字僅百分之二十，學塾經費少於兵餉十倍，士人能通古今達中外者，郡縣乃或無人焉。」（註一三）陶模奏議亦請清廷整頓國子監：「太學爲育才之所，敎法未備，何由得士？」（註一四）可知清末民智錮塞，民風未開的嚴重性。

清代科擧考試不但沿用八股文取士，且各項規定益加嚴密，試卷污沾、文字違例或不正，文句可疑，卽予除名，所試名爲策論，而錄取標準則以書法爲準（註一五）。

梁啟超先後在「西學書目表後序」及「戊戌政變記」兩書中，對科舉之害嚴加評論，認爲滿清積弱卽在科舉：「今之所謂儒者，八股而已，試帖而已，律賦而已，楷法而已，上非此勿取，下非此勿習，其得之者，雖八星之勿知，五洲之勿識，六經未卒業，諸史未知名，而靦然自命曰：儒也、儒也。……又其上者，箋注蟲魚，批抹風月，旋賈、馬、許、鄭之胯下，嚼韓、蘇、李、杜之唾餘，海內號爲達人，謬種傳爲巨子，更等而上之，則束身自好，禹行舜趨，衍誠意正心之虛論，剿攘夷尊王之迂說，綴學雖多，不出三者，歷千有餘年，每況愈下，習焉不察。以爲聖人之道，如此而已。是則中國之學，其淪陷澌滅，一縷絕續者，不自今日，雖然西學以乘之，而名存實亡蓋已久矣。」（註一六）又說：「明初定爲八股體式，尊其體曰代孔孟立言，嚴其格曰清眞雅正。禁不得用秦漢以後之書，不得言秦漢以後之事，於是士人皆束書不觀，爭事帖括，至有通籍高第，而不知漢祖、唐宗爲何物者。更無論地球各國矣。然而此輩循資按格，卽可以致大位作公卿，老壽者卽可爲宰相矣。小者亦秉文衡充山長爲長吏矣，以國事民事託於此輩之手，欲其不亡，豈可得乎。……。昔人謂八股之害甚於焚書坑儒，實非過激之言也。故深知中國實情者，莫不謂八股爲致弱之根原。」其所種惡果：㈠在政治上，不但才識淺，無以應變，又無專門學識造福人群。㈡在社會上，士人不再關心國事，亦不能爲社會中堅份子。終而「中國嚼筆吃毫之日，卽外夷秣馬厲兵之日。

」（註一七）

其三、吏治敗壞：吏治關係一國的盛衰，清代吏治的敗壞，與其政制有密切關係，在絕對君主專制政治下，對聖旨、懿旨的絕對服從；官俸之薄，無以養家室，更不足以養廉，故貪瀆成爲普遍現象。捐例又在科舉以外增一惡制，且捐例之官，多係富家子弟或土豪劣紳，一旦擔任官職，勢必魚肉良民。滿清律法嚴苛，條文既繁，文案又多，州縣之官職務繁劇，遂予胥吏、幕客舞文弄墨之機，向民榨財，否則藉故誣良民以罪。官吏平日不求有功，但求無過，此等心態普遍存在，如何能保民、愛民？更何以保疆土？

其四、冗兵之害：清代八旗兵待遇較漢兵綠營優厚數倍，入關後安於逸樂奢靡，雍正、乾隆之間，曾兩次替他們贖回典賣之田地；至於尙武精神，戰鬥力早已耗盡。咸豐末年，以綠營爲主的江南大營，爲清兵當時的精銳，慘敗於太平軍之手。（註一八）而廿年後，綠營兵仍保持六十萬人，所耗損兵餉數千萬，一旦戰事發生，各省仍紛紛募勇，是「兵外加兵，餉外加餉，國用安得不絀？」（註一九）。

其五、釐金之害：釐金制度在咸豐年間爲平定太平天國臨時性的貨物通行稅，設關徵稅，值千抽三，故稱釐金。原擬於事平後取消，然此制延至清亡尙未取消，反成爲全國地方官吏病國害民的利器。全國各縣數十里之地，關卡林立，釐廠、稅廠，征摧煩苛，商民交病，行旅怨咨。（註二〇）蠹金擾民、害民，而又無益於國庫，商業受到嚴重打擊。事雖微小，其害極大，影響及於全國。

其六、民變之生：康、雍、乾三朝爲清極盛時期，嘉慶年間，變亂時生，諸如白蓮教之亂、西北回亂、西南苗猺之亂與沿海海盜的困擾，及至道光末年終有震撼清廷的太平天國民變的發生。究其因素如下：

㈠中國歷代末年都有大規模的民變發生，主因即在人口與土地分配問題。清室順治入關時，全國人口不到二千萬，及至鴉片戰爭前，中國人口已逾四億以上，增加率達二十倍，而耕地面積却爲七百萬頃（雍正時最高達八百九十萬頃），平均每人只一畝七分，年產量不過一石七斗，何能餬口？即使如蕭一山教授所估計，大約每人平均可估十五畝左右，（註二一）但蕭氏承認土地過分集中，土豪富商、貪吏奢靡無度，農民窮苦不堪。（註二二）。

㈡鴉片戰爭以廣東、浙江、江蘇爲主要戰場，戰事進行期間，官吏徵夫、徵糧，民間又要捐餉助銀。戰後對英賠款，分由各省攤付，而外國棉布打擊土布，商賈生計漸困。加以煙禁大開，漏銀更多，銀價上漲，米價反跌。民間交易用錢計，農民納糧却只收銀，等於增加田賦一倍，農村經濟日益蕭條。（註二三）

㈢鴉片戰爭的失利，政府威信全失，弱點暴露於中外，漢民族意識漸露端倪，「中土十八省之大，受制于滿洲狗之三省；以四萬萬華人，受制於數百萬之韃奴，誠足爲恥爲辱之甚者。」（註二四）

太平天國動亂前後十四年，江南原爲我國自隋唐以來富庶之區，經濟命脈所在，經太平軍與清軍往復燒殺爭奪，竟至滿地瓦礫，遍地白骨，人口大減，死於戰禍的統計約在二千萬至五千萬人，卽至光緒年間，依然是殘破蕭條（註二五）。

梁氏於光緒廿一年入京考試後，三年中由南至北經歷各地商埠，廣州、北京、上海和長沙所見所聞，觀察入微，對淸廷的腐敗有深刻的認識，而民族意識强烈的梁氏更不會忘卻甲午之役的屈辱，乃決心擔任負起救國的重責，此後獻身中國民主運動十八年之久。

三、變法之情——中外維新思想的啓迪

近代中國遭遇外力冲激的巨變、求變、應變的呼聲絕不始於康梁；自强運動期間，無論滿人或漢人，無論保守派或改革派，無論華人或居留在華的外籍人士，都有共同的看法，中國非變法不可。所不同的只是受制於其對世界事務的認識，與傳統思想的束縛，或是處世哲學的影響。甲午之役則爲變法思想重要的轉捩點，外患的轉劇正迫使變法思想走向高潮。

㈠西籍人士對變法的倡議

英人赫德（Robert Hart）於咸豐八年到達廣州，擔任外交職務，次年轉入粵海關工作，十一年夏到達北京，先後與文祥、恭親王接觸。由於他爲人平和，工作盡職，給予恭親王良好的印象。於同治二年擔任總稅務司一職，至光緒卅四年，先後共四十六年之久，在任職期間，對我國海關的改革，頗有建樹，稅收逐年增加，十餘年後，每年達二千萬兩，此爲清廷最可靠的財源；中央政府與地方疆吏對他信任有加，遇有關國家大計都會徵詢他的意見，其對自强運動與維新變法的影響力，自不待言。（註二六）同治四年赫德向我國政府提出改革的意見，在他的「局外旁觀論」中，希望中國在外交上能履行所簽訂條約的義務；在內政上，建議加强模仿西方長技，整頓財政及修訂有關稅則，同時應接待外交使節，遣使西國，以維國際體例。（註二七）

戊戌變法前，英、美官員仍致力於倡議變法，英公使歐格納（N.R.O,Conor）來華履新，他在華期間，也是一位希望中國振興自强的人。中日甲午之役後，他將離華返英，力勸恭親王變法維新，翁同龢日記中記錄他的勸告如下：「各國聚謀，而中國至今熟睡未醒，何也？……宜選忠廉有才略大臣，專圖新政。」（註二八）

美國國務卿科士達（John W. Foster）應邀擔任馬關條約議和時的中國顧問，約成後來華，曾與總理衙門大臣李鴻藻、孫毓汶和翁同龢等討論，强調中國變法，「十年後中國無敵；若仍不改，不可問矣。」（註二九）及光緒廿三年，他在時務報撰文「整頓中國條陳」，其中最重要的建議爲整頓財稅：其一爲建立審計獨立制度；其二爲公布稅則和徵收辦法，以革除積弊。（註三〇）

綜合上述，可見戊戌變法前，西人的維新變法思想，雖對保守的清廷幷未產生預期的效果，而對關心國事士大夫的影響，是可以了解的。

除了前述英、美外交官員鼓吹中國變法外，在此同一時期，在華的傳教士和商人，對中國已有較深的認識，他們也希望中國本身在內政改革上能更進一步。當然，其著眼點幷非完全爲中國，但至少一個安定的中國將帶來較佳的經濟環境，可促進商務。就在這種觀念的基礎上，他們尋求適當的機會，配合其本國外交政策，或以個人，或以團體，向我國朝野有計畫地展開鼓吹變法活動。其中較積極的人士，除赫德外，尚有林樂知、李提摩太等人，他們透過所創辦的報館、學校和學會等機構，從事宣揚變法。

林樂知（Young J. Allen）爲美國傳教士，道光廿九年來華，他最大的貢獻於同治七年創刊「教會新聞」，內容有政治、宗教、中外新聞、雜事和格致。他首稱頌日本的維新，批評中國的積弊。同治十三年該報改名爲「萬國公報」，在公報上，他曾指出維新可以强國，强國的方法在改革兵制：設「巡兵」以巡緝地方，設「戰兵」以防外敵，則地方兵可免遷地之苦。但不僅要改革兵制，更先要國家富裕，致富之道在勤，他的口號是「勤以行法，法以補勤。」所謂法者，其一、新法製造，其二、廣通商，其三、善理財，發展民營事業。他認爲這些方法都值得向西方學習，所以變法最根本的問題在教育。他力勸中國設儲才館，興新學，培植人才。他是主張緩變的人，認爲「居今反古之道行之太驟，人將有議其非者，必也。從容不迫，思得善法而徐徐更之，既不駭人聽聞，復可新人耳目，斯爲善變之法矣。」（註三一）甲午之役後，林氏認爲變法是中國唯一的出路。而以安民、興教爲要，這是天賜良機。林氏二十餘年來，一方面傳教，一方面致力於維新變法，他的說法深入中國士大夫階級，影響日後的維新份子關係頗大。

李提摩太（Timothy Richard ）是英國傳教士，同治九年來華，他在中國居留達四十五年之久。他熱心從事於社會改革工作，欲從事改造中國，鼓吹變法思想，使中國轉弱爲强。以爲中國圖强，應從教育著手，派員至西方考察，儒生出國留學，設立西學書院，并建議設教育部，光緒十三年接辦「廣學會」，該會出版書籍，爲數極多，就中以他所譯的「泰西新史攬要」，與林樂知的「中東戰紀本末」兩書最暢銷，對中國的維新運動影響很大。他的交遊至廣，活動力强，上至達官如李鴻章、左宗棠、曾紀澤、張之洞等人都很熟悉，下至士民，人數不少。甲午戰後，萬國公報每期均刋出其批評中國政府腐敗的文字，只有變法中國才有希望。他提出的原則爲新民、敎民、安民。實行的方法則爲聘用西人，推行新政。（註三二）

總之，傳敎士在宣傳敎義以外，介紹新知，鼓吹變法，對中國政府官員所能影響的，僅少數同情維新的官員，對社會人士，除敎徒對他們的主張全盤接受外，其餘的人僅在通商問題反應熱烈。對士大夫階級及維新份子來說，如自動閱讀其發行的報刋、書籍，同意擴大通商，以振興國家，進而傳播變法思想等，確有具體的績效。

㈡國人維新思想的呼籲

中法戰爭與甲午戰爭失敗的敎訓和冲激，憂時之士至此才領悟，要國家富强必須在制度上及敎育學術等方面作一番興革。但這種思想早在甲午以前已有人倡導，而變法圖强的言論，在康、梁之前早已瀰漫天下，馮桂芬、郭嵩燾、王韜、鄭觀應、薛福成、馬建忠、何啟、胡禮垣等數十人，由於他們所受的敎育，所處的地位有所差異，因此從各種的角度去探討當前面臨的危機，從不同的方向去爲國家尋找生存的途徑，有些主張漸進的，從安定中逐漸改革；有些主張要適合中國國情，不宜全盤西化；有些却認爲中國本身的制度幷非不完美，甚至以爲西方的制度中國早已有之；也有認爲應採急進政策，力求全面改革，非變法維新不足以圖强。雖則各人的主張不同，但有一項目標——求變、求强，却是一致的。

馮桂芬早年受知於林則徐，咸豐末年，完成他的名著「校邠廬抗議」，在書中詳細發揮他對國事的意見，他的議論是多方面的，而其基本理論：「以中國之倫常名教爲原本，輔以諸國富強之術」，來改良中國政治，實開我國所謂「中學爲體，西學爲用」的先河。他主張變法，但要寄託於「皇上振刷紀綱」，且「要以不悖三代聖人之法爲旨。」（註三三）這種立論對士人產生相當的影響力，光緒十五年正月，翁同龢將他的著作進呈光緒帝。

郭嵩燾在鴉片戰爭後，已悟到「自古邊患，皆由措理失宜。」他與馮氏有一相同的看法，即凡事重理，同時又須明時勢。他的自強主張：內政上，宜振厲朝綱，勤求吏治，和輯人民，汲求賢才，而以致教爲本；外交上，應通洋之情，審勢循理，濟之以誠，行之以理。（註三四）。

馮桂芬和郭嵩燾的議論，在光緒初年在關心國事的知識份子間，逐漸形成一種影響，紛紛發表變法圖強的主張，如馬建忠以下諸人，他們言論範圍雖未超過馮、郭兩氏，但在外交、政治、教育等問題的精闢見解，對後來戊戌變法產生極大的鼓舞作用。

馬建忠以郎中留學法國，爲中國官員留學外國的第一人。返國後曾奉勘旅順防務，襄助朝鮮與外國訂約。又曾出使印度，交涉禁烟事宜。（註三五）留法時，對於西洋以護商、得民心、設學校、立議會爲本，以製器、軍事爲末，因而建議：第一、維護國家主權，修改不平等條約，關稅自主。第二、積極發展工商業，「治國以富强爲本，而求强以致富爲先。」第三、設學校培育人才，重視自然科學的發展。第四、歐美民主政治雖不足法，但「議院立而下情可達。」（註三六）他已注意到議會政治的重要性。

薛福成於光緒年間曾任曾國藩、李鴻章幕僚，後奉使英、法、義、比等國。出國前卽對政治與海防有濃厚興趣。他認爲國家富强要順應時代潮流，實行變法，而變法的根本，在內政上，去其積弊，而後講求內治；在外交上，設法另訂新約，以取消片面最惠國條款，維護國家主權之完整，撤銷領事裁判權。他對司法獨立、主權完整，尤爲重視。（註三七）

王韜一生與功名無緣，在上海工作期間，結交中外學者名流。自英返國後，任香港循環日報主筆，曾著「論變法」與「變法自强」等文鼓吹變法。王氏以爲當時中國應變者有四：取士、練兵、教育、律例改革，這些前人都已提及。他最重視的卽民主政治，認爲這是國家富强之基；在乎因民之利而導之，順民之志而通之；卽執政者應一切以民意爲依歸，卽孔孟所謂的「行仁政」。（註三八）

鄭觀應初從傳教士習英文，未久開始其商賈生涯，因與洋商往來，不但對中外貿易之經驗日益豐富，西洋政教的認識也因之了解益深。鄭氏是自强運動實際參與者，也是維新變法的倡導人，他頗有「實業救國」的大志，惜未能如願。（註三九）在倡導變法中，鄭氏所論甚廣，其中包括學校、考試、吏治、外交、議院、商務和革除積習。而他特別重視的是：第一、經濟方面：首應改變自古以來國人重農輕商的觀念，如欲與西人爭一長短，莫如設一專門機構以振興商務。第二、民主政治：鄭氏對英國的民主政治，認爲係英富强的基礎。他特別指出議會政治的優點：(1)「集衆思廣衆益，用人行政，一秉至公。」(2)施政以民意爲重，則「朝野上下，同德同心。」(3)凡事公決，政府執行民無怨望。(4)選賢與能，人才畢出。（註四〇）第三、學校教育：教育普及，才能爲民主政治奠下良好的基礎，而學校的功能，在啟迪民智，培育英才，國家乃能富强。一國學校制度是否健全，足以影響國家的盛衰。

何啟從小在香港受教育，後留學英國習醫學及法律。返國後，在香港執業，故對西方政治和科學的認識，較國人要廣且深。光緒十三年，即與胡禮垣撰文批評曾紀澤「中國先睡後醒論」，認爲曾氏只重視堅甲利兵而不言變法的說法是完全錯誤的。國家要富强，先要從內治著手。（註四一）何氏此文在當時香港報紙發表，公然提出君主立憲思想，其對變法思想的影響自不待言。

光緒二十年冬，何、胡兩氏再發表「新政論議」，認爲富强之本在政治、政治之本在制度；最好的制度就是民主。在是書中，他們提到：「自古至今，治國者惟有君主、民主以及君民共主而已。質而言之，雖君主仍是民主，何則？政者，民之事而君辦之者也，非君之事而民辦之者也。事既屬乎民，則主亦屬乎民，民有性命恐不能保，則賴君以保之，民有物業恐不能護，則藉君以護之。至其法，如何性命始能保？其令，如何物業方能護？則民自知之，民自明之，而惟恐其法令之不能行也。於是乎奉一人以爲之主，故民主卽君主也，君主亦民主也。孟子曰：『得乎邱民，而爲天子。』得之云者，謂能行其法令，爲民保護其身家也。故王者欲保世滋大，國祚綿長，則必行選擧，以同好惡，設議院以布公平。若是者國有萬年之民，則君保萬年之位，所以得民莫善於此。」（註四二）

維新變法是外侮日亟，國事日非的必然反應，朝野上下都具有求變的心態，包括李鴻章、翁同龢、張之洞以及光緒本人，受到甲午之役的刺激，爲圖生存不得不走變法之路。此時，維新派人物都認爲英國君主立憲最足爲中國所效法，咸認爲議會則民志伸，民心結，無異合四萬萬人爲一人，中國將進入强國之林。康有爲、梁啟超受到上述諸人維新變法思想間接的影響是可以肯定的，同時他們更進一步迎合這種維新變法論說，是時勢所導致的。

㈢梁啟超維新思想之形成

任何人的個性和思想，與他的家庭、學校和社會環境，都有密切的關係，梁啟超也不例外。

梁氏誕生廣東新會縣能子鄉，它的位置正當西江入海之衝，居江口七島的中央，南距宋帝昺殉國處的厓山七里許（註四三）。他的童年教育實際上係受其祖父和雙親的教誨，所學的諸如四子書，五經和中國略史；當然古代的聖賢豪傑的事蹟，也包括的。其祖父對宋、明國難之事津津樂道。他每年隨長輩乘舟前往高祖毅軒墓祭掃時，「……所經過皆南宋失國時覆滅之古戰場……舟行往返，祖父每與兒孫說南宋故事。」更悲壯地朗誦「陳獨麓山木蕭蕭」一首。十一歲曾於坊間購得張之洞的「輶軒語」和「書目答問」，讀後始知天地間有所謂學問者。惟家貧無書可讀，惟有史記和綱鑑易知錄而已。（註四四）從他的童年，可知因祖父的啟示，民族意識早已潛伏在他的腦海中，厓山遺恨猶存民間，是滿人所不可能知道的。

光緒十六年，梁啟超和原海堂同學陳千秋受業於康有爲，梁氏說明受業經過：「時康有爲以布衣上書，被放歸，舉國目爲怪，千秋、啟超好奇，相將謁之，一見大服，遂執業爲弟子，共請康開館講學，即所謂萬木草堂是也。」（註四五）梁氏自稱從此放棄舊學。平日康氏講過「中國數千年來學術源流，歷史政治沿革得失，取萬國以比例推斷之，余與諸同學日劄記其講義，一生學問之得力皆在此年。日課則宋、元、明儒學案，二十四史，文獻通考等，而草堂頗有藏書，得恣涉獵，學稍進矣。」（註四六）教學以外，康氏常對學生講述國事，學生們深受感動「抑先生雖以樂學教吾儕乎，然每語及國事杌隉，民生憔悴，外侮憑陵，輒慷慨欷歔，或至流涕。吾儕受其教，則振蕩怵惕，懍然匹夫之責，而不敢自放棄自暇逸，每出則舉所聞以語親戚朋舊，强聒而不舍流俗駭怪，指目之謚曰康黨，吾儕亦居之不疑也。」（註四七）光緒十七年，康氏完成「長興學記」，這是一本治學修養同時主張平等的書，梁啟超研讀此書相當用功，成爲他日後立身治事的準則。書中提到平等之說：「夫性者，天命之自然，至順者也，不獨人有之，禽獸有之，草木亦有之，……故孔子曰性相近也。夫相近則平等之謂，故有性無學，人人相等，同是食味別聲被色，無所謂小人，無所謂大人也……」（註四八）

同年夏天，康氏復刊出「新學僞經考」一書，認爲西漢經學並無所謂古文，凡古文都是劉歆爲幫助王莽篡漢所僞作的。此書梁啟超與陳千秋都曾參與，雖認爲有些地方過份武斷，但無法使康氏接受。

此外，康有爲尙有「孔子改制考」和「大同書」兩部著作。前者，康氏認爲孔子改制恒託於古，卽如堯舜也是孔子理想中的人物。不但孔子如此，周秦諸子皆託古改制。後者則以春秋之義言禮記，所謂三世者，卽據亂世，升平世、太平世，必爲社會演變的三個階段，愈改愈進步。太平世卽禮運篇中的大同時代。（註四九）在此一世界裏，共同治理，共同生產，共同生活，一切平等。不過，康氏認爲當時爲據亂世，只可談小康，卽升平世，應先改革政治，以謀國家富强。

萬木草堂時代爲梁氏一生的學術思想和事業奠定了基礎，梁氏在業師康氏的指導下，「生平知有學自玆始。」及讀新學僞經考、孔子改制考，使梁氏對古文產生懷疑，了解讀書當求義理，鼓勵創作精神。讀「大同書」時則大樂，銳意宣傳其一部份思想。（註五〇）由此可知康氏的言行對梁啟超的影響，故康有爲厥後推行政治革新運動、變法維新，其最得力的助手就是梁啟超。

梁啟超在光緒廿一年認識譚嗣同，其後三年，兩人不斷交往，成爲摯友。譚嗣同曾在金陵從楊文會居士研習佛學，很有心得，著有「仁學」一書，贈梁氏一册，梁氏流亡日本時，予以印行傳世。仁學的主要內容，在譚氏自序中說：「吾將哀號流涕，强聒不舍，以速其衝決網羅。衝決利祿之網羅，衝決俗學若考據若詞章之網羅，衝決全球群學群教之網羅，衝決君主之網羅，衝決倫常之網羅，衝決天之網羅……然既可衝決，自無網羅眞無網羅，乃可言衝決。……。」嗣同根本的排斥尊古觀念，曾說：「古而可好，則何必爲今之人哉。」（仁學卷上）對於中國歷史，下一總批評說：「二千年來之政，秦政也，皆大盜也。二千年來之學，荀學也，皆鄉愿也。惟大盜利用鄉愿，惟鄉愿工媚大盜」（仁學卷下）當時譚、梁、夏一派的論調，大約以此爲基本，而嗣同尤爲悍勇，其仁學所謂「衝決羅網」者，全書皆是也。此外嗣同復痛責名教，認爲「係上以制其下，而下不能不奉之，則數千年三綱五常之慘禍酷毒由此矣。……天地間無所謂惡，惡者名耳，非實也。」在種族主義方面，他的鼓吹排滿革命，詞鋒銳不可當，他說：「天下爲君主之私產，不始今日。……然而有知遼、金、元、清之罪，浮於前此君主者乎？其土則穢壤也，其人則羶種也，其心則禽心也，其俗則毳俗也，逞其凶殘淫殺，攫取中原子女玉帛。……方命曰：此食毛踐土之分然也。夫畢誰食誰之毛？誰踐誰之土？……」（註五一）

仁學一書，倡「打破偶像」，遂啟科學研究的思想。將科學、哲學、宗教冶爲一爐，而使它更適於人生。其排斥尊古、名教、排滿觀念，深入梁氏維新思想中。尤其在政治所談之民主主義、世界主義，都已突破康有爲的變法思想；梁氏的激烈種族主義，排滿革命主張，在他入湘以後及流亡日本初期，其受「仁學」一書的影響可知。

康有爲、譚嗣同均對大乘佛學有很深的了解，因爲佛、菩薩普渡衆生的理想，無形中提供了社會政治行爲一個文化的推動力量；梁氏認爲康、譚的改革熱誠，大部分是出自他們對大乘佛教的信仰。佛學給予世人未來無窮的希望，激勵世人去擔當各種事業。梁氏著有「佛學論文十八篇」，對佛教有精闢的見解，賦之於實行。維新變法，正是他受康、譚佛學啟迪的見證。

在維新變法思想中，對梁啟超也有深遠影響的人，就是黃遵憲，他曾出使日、英、美等國任參贊，在海外十餘年，返國時已年近五十。光緒廿二年，他請梁啟超在上海擔任時務報主筆，為二人相識之始；未久，黃氏奉旨入京。次年，黃氏至湘後推荐梁啟超至湖南擔任時務學堂總教習。總計兩人相聚時間不及半年，係忘年之交，而黃氏對梁啟超的厚愛與期望，十年如一日。梁氏雖在海外，自光緒二十八年起兩人書信來往達四年之久，至黃氏病逝方止。

黃氏早年卽有志變法，於光緒初年，出使日本、英國，已醉心於民主政治，贊美議會政治。光緒廿一年，返國後奉旨入覲，卽曾奏稱、「泰西之强，悉由變法。」後卽返湘推行新政，以為未來君憲的楷模。二年後，他又對日駐華公使矢野文雄說：「二十世紀之政體，必法英之共主。」戊戌政變後，他幾因謠傳匿藏康、梁而被禍。後來查明不實，奉旨返鄉，設立嘉興公會，辦師範學堂，病中亦函梁啟超開民智、保民權。他的一生立志推行維新變法，未能如願。因此，他對梁啟超的支援與期望絕非偶然，其對梁氏的影響恐超越康有為。他在晚年寄書啟超，說：「自吾少時，……頗有樹勳名之念。吾所學屠龍之技，無可用也。蓋其志在變法，在民權，謂非宰相不可為；宰相又必乘時之會，得君之專，而後可也。既而遊歐洲，歷南洋，又四、五年，啼見當道者之頑固如此，吾民之聾聵如此，又欲以先知先覺為己任，藉報紙以啟發之，以拯救之。而伯嚴苦勸之作官。既而幸識公，則馳告伯嚴曰，「吾所謂以言救世之責，今悉卸其肩於某君矣。」（註五二）

總之，梁氏初受庭訓早已存有民族意識，經康有為、譚嗣同、黃遵憲等人的指引與勸掖，目睹清廷的腐敗，而在北京、上海而後又在海外，所見所聞，對政治革新的運動，從辦報刊、設學校、創學會，以實現其政治理想——啟民智、倡主政治，上述諸人對他既深且遠的影響有以致之。

【附註】

註一　嚴後上今上皇帝萬言書，見楊家駱主編「戊戌變法文獻彙編」，頁三一一，（以下簡稱戊戌文獻）。
註二　資治通鑑，卷一〇，漢紀二。
註三　李守孔，中國近代史，頁一三五～一四一。
註四　屠炳春先生，中國近代史要略，頁二七～二八。
註五　同治朝籌辦夷務始末，卷二五。
註六　清季外交史料，卷一〇九。
註七　同上書，卷一二二。
註八　李守孔，中國近代史，頁五二〇。
註九　郭廷以，中國近代史綱，頁三二六～三二七。
註一〇　蕭一山，清代通史㈣，頁二〇七七，引經世文三編。
註一一　康有為，保國會總說辭，同註一〇，頁二〇六七。

註一二　郭廷以，同前書，頁一〇。
註一三　康有爲，上清帝第二書，見戊戌文獻二，頁一四八。
註一四　陶模，培養人才疏，見戊戌文獻二，頁二六九。
註一五　張之洞，張文襄公全集，卷四八奏議，頁二～三。
註一六　梁啓超，西學書目表後序，飲冰室文集一，頁一二六，（以下簡稱文集）。
註一七　郭廷以，同前書，頁六～一一。
註一八　同上，頁一一七～一一九。
註一九　胡燏棻，變法自強疏，見戊戌文獻二，頁二八四。
註二〇　王韜，弢園文錄外篇。
註二一　蕭一山，中國近代史概要，頁一〇九～一一八。
註二二　同右，頁一六八。
註二三　蕭一山，清代通史㈣，頁一六〇二～一六〇六。
註二四　蕭一山，清代通史㈢，頁五二～五三。
註二五　郭廷以，同前書，頁一八三。
註二六　同右，頁一九八～一九九。
註二七　同治朝鮮籌辦夷務始末，卷四〇。
註二八　翁文恭公日記，卷三四。
註二九　同上書，卷三六。
註三〇　時務報第廿七冊，見王樹槐「外人與戊戌變法」，頁六一～六二。

註三一　林樂知，中西關係要略，見萬國公報卷八，頁六三～一〇五。
註三二　王樹槐，外人與戊戌變法，頁二六～四四。
註三三　馮桂芬，校邠廬抗議。
註三四　洋務運動文獻彙編(一)，頁三二二。
註三五　見戊戌文獻(四)，頁五八八。
註三六　馬建忠，適可齋記言紀行，卷一卷二。
註三七　薛福成，庸盦全集。
註三八　王韜，弢園文錄外篇。
註三九　吳萬頌，鄭觀應的教育思想，見大陸雜誌史學叢書第五輯第四冊，頁二九〇。
註四〇　鄭觀應，盛世危言，議院篇。
註四一　見中華民國開國五十年文獻第一編第七冊，頁二三三。
註四二　何啓、胡禮垣，新政眞詮，見戊戌文獻一，頁一九六～二〇〇。
註四三　新會縣志，卷二。
註四四　丁文江，梁任公年譜長編上，頁八～一二。
註四五　梁啓超，清代學術概論，頁一三七。
註四六　梁啓超，三十自述，文集一一，頁一六～一七。
註四七　丁文江，同前書上，頁一七～一八。
註四八　康有爲，長興學記。
註四九　康有爲，大同書，見戊戌文獻一，頁四三六～四四一。

註五〇　丁文江，同前書上，頁一六～一八。

註五一　譚嗣同、仁學、見梁啓超，清代學術概論，頁六七～六九。

註五二　王德昭，黃遵憲與梁啓超，見「近代中國思想人物論」，頁六四〇～六四七。

參、變法前梁啟超的政治活動

甲午之戰，一向視爲蕞爾小國的日本，竟然一擧擊潰滿淸北洋艦隊，朝野爲之震驚，士大夫之悲憤溢於言表，而思有所爲。萬本草堂弟子梁啟超當時適在北京，曾賦詩二首可見其感時的心境和抱負。其一「悵飲且浩歌，血淚忽盈臆。哀哉衣冠儔，塗炭將何極！道喪廉恥淪，學敝聰明塞。豎子安足道，賢士困縛軛。海上一塵飛，萬馬齊惕息。江山似舊時，風月慘無色。帝閽呼不聞，高譚復何益。」其二爲：「群季年來幾合幷，短檠相坐對談兵。一腔孤憤肝腸熱，萬事蹉鞞肉生。痛哭誰能追賈誼，升沈應莫問君平。」（甲午爲仲弟書扇）。（註一）同時，他也寫信給他的友人夏穗卿、汪康年，認爲宜廣結同志，開倡風氣，其中有一段說：「我輩以普渡衆生爲心，多養人材是第一義，吾粵學子雖非大佳，然見聞稍開、骨植稍豐，四顧天地，此方人尚可用也。」（註二）

康梁維新派人物利用此一機會，決定全面政治社會改革工作，宣揚孔子改革的精神；國家已到了澈底改革，否則將面臨滅亡命運的時候。在這同時，中山先生在檀香山成立興中會，也開始積極進行革命工作。

梁啟超在戊戌變法實施前的政治活動，可分爲三個階段：那就是北京、上海和湖南時期。主要工作在廣結朝野人士，利用集會報刊以廣宣傳，公開批評時政，終於展開其書生報的心願。

一、北京時期

光緒二十一年春，中日馬關議和，日本在外交布置上先勝我一籌，向俄國保證對朝鮮無領土野心，使俄保守中立。其次，對中國代表故意刁難，拒絕邵友濂及張蔭桓爲和使，藉口無全權證書，暗示中國應派遣德高望衆，享有全權的使臣赴日，其主要目的，係因日本所提條件之苛，非樞臣不能答允。最後中國派遣李鴻章爲使。日本事前已透露和議內容要點有二：一爲賠款，一爲割地，惟賠款數額與割地之所則密而不宣（註三）。

日本事前曾調查，發現中國官員外交知識貧乏，而且不在中國境內所簽定之條約，由於官員無膽識，常能獲得意想不到的利益，如中俄伊犁條約就是，故要求中國使臣赴日。日本係一小國，不利於長期戰爭的進行，如要求條件過苛，在未簽字以前，很容易外洩，既容易引起列強的反對，又將激起中國士大夫階級反對，基於愛國情感，會拒絕和約，而與日本作戰到底，由此可知馬關議和是在日本有計劃之下進行的。

時康有爲、梁啟超適在北京應試。日本要求之賠款達三萬萬兩，（後改爲兩萬萬兩）、朝鮮獨立、割遼東半島及台灣、澎湖。梁氏遂襄助康氏，聯合在京會試舉人，上書力陳時局艱危，請及時變法圖强，是爲「公車上書」。康南海自編年譜中說：

「三月二十一日電到北京，吾先知消息，即令卓如鼓動各省，並先鼓動粵中公車，上摺拒和議，湖南人和之，於二十八日粵楚同遞，粵士八十餘人，楚則全省矣。與卓如分託朝士鼓動，各直省莫不發憤，連日並遞章滿察院，衣冠塞途，圍其長官之車，台灣舉人，垂涕而請命，莫不哀之。時以士氣可用，乃合十八省舉人於松筠庵（按即明代烈士楊繼盛故宅）會議，與名者千二百餘人，以一晝二夜草萬言書，請拒和、遷都、變法三者，卓如孺博書之，並日繕寫，（京師無點石者，無自傳觀，否則尚不止一千二百人也。）徧傳都下，士氣憤湧，聯軌察院前里許，至四月八日投遞，則察院以既已用寶，無法挽回，卻不收。」（註四）

梁氏對此次政治活動參與的經過，敘述頗詳，他說：「喚起我國四千年之大夢，實自甲午一役始也，乙未三月間，和議將定，時各省舉人一萬數千人集於北京會試，康有爲爲舉人之一，乃創議上書拒絕。梁啟超則日夜奔走，號召連署上書論國事，廣東、湖南同日先上，各省從之，各自連署麕集於都察院者無日無之。雖然其中言論不免新舊並存，駁雜不一，但中國士氣自此始伸張，既而合十八省之舉人聚議於北京之松筠庵以連署上書，與會者約一千三百餘人，以康有爲爲領袖。上書火意有三，卽拒和、遷都與變法。其宗旨則以變法爲依歸。意謂『使前此而能變法，則可以無今日之禍；使今日而能變法，猶可以免將來之禍；若今猶不變，則他日之患，更有甚於今日。』因爲言甚激切，大臣惡之，不爲代奏。然自是執政者漸漸引病去職，公車之人回歸鄉里者，亦漸知天下大局之勢，各省蒙昧因之啟闢，……實爲清朝二百餘年未有之大舉也。」（註五）

此次「公車上書」爲康有爲第二次上書，其重要性：㈠在京應試舉人集體上書，人數可能并未如康、梁二氏所說千三百餘人，㈡因上書未能上達，這些參與上書應試舉人返鄉後，對此重要之事，必轉而「倡之於下，以喚起國民之議論，振刷國民之精神，使厚蓄其力，以待他日之用。」（註六）在此，我們更應注意的有二事：其一、爲割台之刺激，可從上書內容中得知：

「棄台民之事小，散天下民之事大，割地之事小，亡國之事大，社稷安危，在此一舉。何舉人等棟折榱壞，同受傾壓，故不避斧鉞之誅，犯冒越之罪，統籌大局，爲我皇上陳之。以謂棄台民卽散天下也，天下以爲吾戴朝廷，而朝廷可棄台民卽可棄我，一旦有事次等割棄，終難保爲大清之民矣。民心先離，將有見土崩瓦解之患，春秋書梁亡者，梁未亡也，謂自棄其民，同於亡也，故謂棄台民之事小，散天下民之事大，日本之於台灣，未加一矢，大言恫喝，全島已割，諸夷以中國之易欺也。」（註七）

台灣自明末開始，大陸移民來台者皆爲漢人，在這件上書中輕言割讓，則政府未盡保民之責。同時更加深漢滿之見。維新派人物不但認爲清廷不足恃，更認爲滿人對漢人只知壓制防範。康、梁的積極從事變法運動，已逐漸走向爲漢族的生存圖强的路上發展了。

在同年閏五月，譚嗣同也在給他的老師歐陽中鵠信中說：「滿漢之見，至今未化，故視之儻來之物，圖自己而已，他非所恤。豈二百五十年之竭力供上，遂無一點好處耶？宜乎台灣之民，聞見棄之信，腐心切齒，以爲恩義斷絕，開闢以來無忍心如此者。」康、譚二段話已顯示出將爲四萬萬黃種人，漢族的生存而奮鬥。（註八）

其二、對於拒和、遷都、變法，這三點建議也是很重要的，如眞照此項建議去做，就會發展成長期抗日戰爭，而遷都、變法不見得馬上收效，至少，日本的敲詐不會那麼順利，何況二萬萬兩的鉅款連同利息，相當國家三年的收入。我們對康、梁的見解，不宜等閒視之，也可見他們主張變法之切。在康梁公車上書中說：

「夫言戰者，固結民心，力籌大局，可以圖存，言和者解散民體，鼓舞夷心，更速其亡。以皇上聖明，反覆講辯，孰利孰害，孰得孰失，必當獨斷聖衷。翻然變計者，不揣狂愚，統籌大計，近之爲可和可戰，而必不致割地棄民之策，遠之爲可富可强，而斷無敵國外患之來。伏乞皇上下詔鼓天下之氣，遷都定天下之本，練兵強天下之勢，變法成天下之治而已。」（註九）

馬關和議成後，朝廷痛於喪師敗績和賠款割地的恥辱，士大夫又震於公車上書的熱烈，時朝野很有發憤爲雄，力圖自强的表現。在梁氏給他摯友夏穗卿的信中提及京中情形：「本欲於月之初間出都，惟日來此間頗有新政，上每言及國恥，輒頓足流涕，常熟亦日言變法，故欲在此一觀其舉措。以中國學術之蕪塞，君相之孱弱，豈能望其大有所爲，但能藉國力推行一二事，則於敎、族（按卽保敎保族）兩端少有補耳（註一〇）。」

上書變法受阻，朝野又未能眞正覺悟，但梁氏慧眼獨具，建議超越自强運動諸人，他們在戊戌變法前，早已深切了解士大夫的領導地位，他們特別重視王公大臣和士人的影響力。任何改革由上而下易，由下而上則事倍功半；同時，他們又看出京師風氣蔽塞，其他各地風氣更可料及，如不能早日改善，必爲日後維新變法帶來無窮的困擾。所以，最重要的是開民智，辦學校，培育人才。如此，改革的觀念才容易爲國人所接受，改革運動才有人策畫推展，革新才能收到實際績效。開啓民智，在辦報刋，立學會以廣爲宣傳；培育人材，則在變科學，設學校。這種主張和見識，維新變法人士早所提倡，梁氏開始付諸實施。從梁氏日後變法運動的歷程及革命與君憲主張，我們不難發現梁氏始終遵循此二項基本政治理想延伸，從未間斷。因此梁氏在學術性的主張，可能或有「流質」（個性易變）的傾向，但在政論上，卻顯示出他有原則和一貫性。

光緒廿一年，康梁鑒於爲啟迪民風，非興學校不足以救亡，乃謀設學校，介紹西學，惟受當時社會「嫉新學如仇，一言辦學，即視同叛逆」（註一一）的影響，遂聯合陳熾、沈曾植、袁世凱等籌設強學會於北京，於是年七月成立，朝士來集者甚衆，皆當時一派維新份子，文廷式、袁世凱、陳熾、丁立鈞、曾廣鈞等亦爲重要創始者，康梁更是特別活躍。這是中國近代由國人創辦的第一個學會。

康梁設立强學會於北京，其理由根據康自編年譜：「合群非開會不可。在外省開會，則一地方官足以制之。合士大夫開之於京師，既得登高呼遠之勢，可令四方響應，而舉之於輦轂衆者之地，尤可自白嫌疑。」（註一二）可見康梁政治意識，始終係採取自上而下廣結王公大臣與士人的捷徑。

此外，康梁又在北京發刊「中外公報」。這是因爲在學會成立前，以京師風氣閉塞，爲了發展會務，開通風氣，非有報館不可，遂於是年先行創辦此報，主要是介紹在華傳教士所刊行「萬國公報」中外所傳播的西方思想，並轉載其文章，而無記事。」梁氏「日日執筆爲一數百字之短文」，記中外要文及歷史掌故，爲其啟迪「民智」工作之始。當時他們認爲「非自王公大臣始不可，乃與送京報人商，每月刊送千分於朝士大夫，紙墨銀二兩，自捐此欵

……分學校軍政各類，分送朝士，不收報費，朝士乃日聞所不聞，識議一變焉。」（註一三）

强學會的性質，爲一學術性兼政治性的團體，梁氏在民國元年十月赴北京大學歡迎會上曾說：「組織一强學會，備置圖書儀器，邀人來觀，冀輸入世界之知識於我國民；且於講學之外謀政治之改革，蓋强學會之性質，實兼學校政黨而一之焦。在今日固視爲幼稚之團體，然在當時風氣未開之際，有聞强學會之名者，莫不驚駭而疑有非常之舉，此幼稚之强學會，遂能戰勝數千年舊習慣，而一新當時耳目，具革新中國社會之功，實亦不可輕視之也。」（註一四）

北京强學會成立後，康有爲至南京，更說動兩江總督張之洞開强學會於上海。江寧、滬上維新份子如黃遵憲、汪康年、屠仁守、岑春煊、左孝同、黃紹第等亦爲當時的創始人。此一分會成立之初，張氏頗類以會事自任，并由康代張氏作序。張氏首捐一千五百元爲開辦費，後以不喜康言孔子改制，通電阻止。然上海强學會已開，租屋設館購書，辦强學報以廣宣傳，聲勢規模頗爲浩大。一時南北兩學會儼然成爲維新運動的總機關了。（註一五）

上海强學會成立後，對於推行政治革命、學習西方知識有很大作用。其章程規定四項主要工作：

㈠譯印圖書：欲令天下士人皆通西學，莫若譯成中文之書，俾中國百萬學人，人人能解，成才自衆，然後可給國家之用……。今此會先辦譯書，首譯各國各報，以爲日報取資，次譯章程、條教、律例、條約、公法、目錄、招牌等書，然後及地圖暨各種學術之書，隨譯隨刋，並登日報……，並設譯學堂，專任此事。

㈡刋布報紙：今之刋報專錄中國時務，兼譯外洋新聞，凡於學術治術有關治要者，巨細畢登。………。

㈢開大書藏：今合中國四庫全書，購鈔一分，而先搜其經世有用者。西人政教，及各科學術圖書，皆旁搜採購，以廣考鏡而備研求，求各省書局之書，皆存局代售。

㈣開博物院：西國博物院凡地球上天生之物，人造之器，備列其中。……今創設此院，凡古今中外兵農工商各種新器，如新式鐵艦、輪車、水雷、火器、及各種電學、化學、光學、重學、天學、地學、醫學，各國礦質及動植類，皆爲備購，博覽兼收，以爲益智集思之助。」（註一六）

從此一章程看，可以知道學會非常重視西學知識，要使我國人通過翻譯之西書、報章新聞及西方有關科學之實物陳列，能學到西方知識，作爲改革政法的參考。

強學報於光緒廿一年十一月廿八日出刋，以孔子卒後二三七三年紀年，未按慣例於光緒年號上加大清字樣，此亦顯示出康、梁變法的急切意念。然老於仕途的張之洞恐觸怒朝廷，致被牽連，禁止發行。御史楊崇伊劾其「私立會黨，將開處士橫議之風。」十二月七日奉旨查禁，北京强學會僅開四月，上海强學會僅開一月餘。（註一七）

清德宗實錄記載：光緒二十一年十二月（初六）壬申，又諭：御史楊崇伊奏，京官創設强學書院，植黨營私，請旨嚴禁一摺。據稱近來臺館諸臣，於後孫公園賃屋，創立强學書院，專門販賣西學書籍，並鈔錄各館新聞報，刊印中外紀聞，按戶銷售，猶復藉口公費，函索外省大員，以毀譽爲要挾，請飭嚴禁等語。著都察院查明封禁。原摺著鈔給閱看。將此諭令知之。（註一八）

强學會自成立至封閉，爲時雖甚短暫，而其影響後來風氣之推移者，則關係不小。康有爲說：「吾所以辦此會者，非謂其必能成而大有補於今時也，將以破數百年之網羅，而開後此之途徑也。」因受强學會之影響，風氣一變，組織會社者，風起雲湧，計自丙申迄戊戌三年間，海內外新志士設立之學會、學堂、報館凡五十一所。（註一九）一時聲勢震動全國，康有爲身爲强學會之發起人，而强學會之宗旨，又特別强調學習西方知識與鼓吹變法，風氣一開，促成日後時務報之開辦，對變法維新的影響自不待言。

梁氏於强學會被封禁時，衣服、書籍皆被沒收，流浪於蕭寺中數月，「益感慨時局，自審舍言論外未由致力，辦報之心益切。」（註二〇）

二、上海時期

光緒廿一年底，上海强學會與强學報停辦之後，尙有餘款一千二百元，原强學會重要人物黃遵憲、汪康年等，遂以此餘款重組報館。黃遵憲又捐金一千元，他特別指出：「我輩辦此事，當作爲衆人之事，不可作爲一人之事，乃易有成；故吾所集款，不作股分，不作爲墊款，務期此事之成而已。」（註二一）可見黃氏辦報的心志。黃氏後邀請梁啟超至上海主持筆政，可能因爲梁氏在公車上書和强學會時，爲其師奔走的表現留下很好的印象；梁氏又曾任中外公報的編纂，有撰寫報刊文字的經驗。（註二二）而梁氏自北京强學會被封禁後，在京流浪數月，乃接受邀請，南下辦報。自此後開始了梁氏一生光輝的報業生涯。

時務報的創辦人是黃遵憲、吳秀清、鄒殿書、汪康年和梁啟超等五人，公推汪康年爲經理，梁氏擔任筆政。該報於光緒廿二年七月正式創刊，梁啟超指出報館有益於國事，他並强調報紙的功能，在溝通政府與民間的意見，了解時事的眞相，啟導人民的智識。他說：「覘國之强弱，則於其通塞而已，……，言語不通，故閩粵之與中原邈若異域。惟國亦然，上下不通，故無宣德達情之效，而舞文之吏，因緣爲奸；內外不通，故無知己知彼之能，而守舊之儒乃鼓其舌。中國受侮數十年，坐此焉耳。去塞求通，厥道非一，而報館其導端也。無耳目、無喉舌，是曰廢疾。今夫萬國並立，猶比鄰也，齊州以內，猶同室也，比鄰之事，而吾不知，甚乃同室所爲，不相聞問，則有耳目而無耳目。……其有助耳目喉舌之用，而起天下之廢疾者，則報館之爲也。」（註二三）

時務報係一種旬刋，每册廿餘頁，其宗旨爲「廣譯五洲近事，詳錄各省新政，博搜交涉要案，俾閱者周知全球大勢，熟悉本國近況。」以開民智而雪國恥，溝通上下輿情。所載內容有「論說諭摺，京外近事，而以翻譯西洋報紙，報導新知爲主，後者占篇幅一半以上。」（註二四），因此，在內容上該報遠比「中外公報」範圍廣而充實。梁氏並將他的政治主張與理想，透過報刋廣爲流傳。

梁氏主持「時務報」時，民權之論日漸激烈，有關政治主張著述也開始增多。他在時務報中的言論，可以「變法通議」一文和西學書目表，讀西學書法兩書，爲其代表。前者敍述他救時的政治主張，後者述他救時的學術主張：政治主張歸結於變科舉、興學校；學術主張歸結於中學西學並重。鼓吹「民權」說是梁啟超宣傳內容的另一特點。他從進化的歷史觀點出發，把世界人類政治制度的演變，分爲「多君爲政之世」、「一君爲政之世」和「民爲政之世」三個相連接階段。並宣傳世界潮流的發展。而西方許多強國已進入「民爲政」、「民權」的階段。「地球既入文明之道，則蒸蒸相通，不得不變，不特中國民權之說卽當大行，

卽各地「土番野猺」亦當丕變，其不變者，卽澌滅以至於盡，此又不易之理也。」（註二五）

爲了提倡民權，梁氏首先從暴露君主專制的缺點著手，他指出中國歷代帝王，除堯、舜、禹之外，夏、商、周以後的歷代君主均爲私，皆視天下爲私有，故其一切典章制度亦係爲私而制定。他說：歷代制度，皆爲保王者一家而設，非爲保天下而設。爲私而制定的制度有一個共同點，那就是尊君權、貶民權。梁氏認爲君主專制是中國積弱的根本原因：「三代以後，君權日益增，民權日益衰，爲中國致弱之根源。」（註二六）

在政治革新，提倡民權之先，更重要的是變科舉、興學校，尤其是八股取士使士人一生精力虛耗於帖括小楷，而對人生哲理、國家民族與世界大勢蒙昧無知，成爲中國民智錮塞，人材缺乏的根源。所以他特別指出：「……然風氣未開，人才未備，一切新政無自舉行，故近日推廣學校之議漸昌焉。雖然科舉不變，朝廷所重不在於是，故奇才異能鮮有應者……惟科舉一變，海內洗心，三年之內，人才不教而自成，此實維新之第一義也。」（註二七）梁氏已看出八股之害的嚴重性，到了非變不可的地步，一定要廢科舉，興學校與育人才。梁氏特別強調這一點。

在學校未設立之前，梁氏提出先變科舉，他的建議有三策：第一、爲上策：「遠法三代，近采泰西，合科舉於學校。」聚天下之才，教而後用之。也就是取才於學校。第二、爲中策：

「用漢唐之法，多設諸科，與今日帖括，一科並行。」分設經、史、格致、明算、醫學、軍事等專門之學，遲拔專門人才。第三、爲下策：「童子試非取錄經古者，不得入學。」而經古一場必試以中外政治得失，時事、格致等：如此由改變考試內容，重實務而得眞才。（註二八）

在政治、教育以外，梁氏主張要建立一支强大的海陸軍，發展交通，大興鐵路；工商方面，採保護政策，重視技藝；最後也談到農業的改良。（註二九）並稱泰西的富强，不過近百年就完成了，法國、日本全國上下發奮圖强，也是最好的例子。梁氏在論不變法之害的結論中，提醒國人不要「一勞永逸」，天下無不變之理，變法才是生死存亡的關鍵。（註三〇）

梁氏卓越的見解，以他流暢銳利的筆鋒，宣傳變法維新，力圖挽救民族於危亡，他認爲只有徹底的革新，國家才能富强，所以在「變法通議」中，總括他的政治主張說：「吾今爲一言以蔽之曰，變法之本在育人才，人才之興在開學校，學校之立在變科舉，而一切要其大成在變官制。」（註三一）關於中學與西學方面，他說：「要之舍西學而言中學者，其中學必爲無用，舍中學而言西學者，其西學必爲無本，皆不足以治天下，雖庠序如林，逢掖如鯽，適以蠹國，無救危亡。」（註三二）

梁啟超的倡導漢人民族意識和民權革命，在這一段期間所發表的文章隱約可見，顯示出他對清廷早已不滿，這種不滿可能與康有為、譚嗣同等排滿思想發生的時間相同。要言之，即在馬關條約之後，受到割臺之痛的創傷，他們為漢民族的前途而悲憤，尤其是年輕愛國、感情豐富的梁氏，隨時都會流露出對清廷的不滿情緒。

梁氏曾主張時務也用孔子紀年，但未被黃遵憲和汪康年所同意。戊戌政變後，在南海康有為家中抄獲梁氏寫給其師的信中提及此事，這封信經今人黃彰健教授的考證，應寫於光緒廿二年丙申九、十月之間。梁氏在信中說：「孔子紀年，黃（遵憲）汪（康年）不能用。後吳小村文來（按「文」字係「父」——甫字之誤。吳德瀟字小村，其子名樵，字鐵樵）子，又力助張目，仍不能用。蓋二君皆非言教之人，且有去年之事，尤為傷禽驚弦也。去年南局之封，實亦此事最受壓力，蓋見者以為自改正朔，必有異志也。四月二十七書云：『改朔為合群之道』，誠然。然合群以此，招忌亦以此，天下事一美一惡，一利一害，其極點必同此例也。今此館經營拮据數月，至今仍有八十老翁過危橋之勢（旁注謂經費），若因此再蹶，則求復起更難矣。故諸君不願，弟子亦不復力爭也。……乃梁氏信中說：「此館經營拮据數月」，此館指時務報館。時務報創刊於光緒二十二年七月一日，梁此信言經營拮据數月，故知此信寫於光緒二十二年丙申九月或十月。這封信引康丙申四月二十七日來書說：「改朔為合群之道」。此可證強學報之用孔子紀年，在康實視為改正朔。此可證康之用孔子紀年及梁之擬於時務報上用孔子紀年，實對清朝存有異志。（註三三）這裡所說的「異志」，正是所謂「明倡民權，隱言族類」（註三四）的具體表現。

時務報初刊時，對銷路方面頗爲擔憂，但在一年後，該報的啟事談到發行情況說：「該報館創設，倏逾一載，肇始之時，惟懼底滯，賴大府獎許、同志扶掖，傳播至萬二千通，揆諸始願實非所期……」（註三五）。梁氏亦曾追述時務報風靡讀者的情形說：「……爲中國有報以來所未有，擧國趨之如飲狂泉。」（註三六）可見當年他的言論已深受國人注目，報紙遍布全國各省與海外華僑，使他名聲大噪，全國幾無不識者。這對全國各地知識分子新觀念的灌輸，以及維新思想的廣布，厥功至偉。

梁氏在此一階段，變法主張尚未形成一整套的計劃，所以他在致嚴復的信中說：「……當時務報初出之第一、二次也，心猶矜持，而筆不欲妄下，數日以後，與之者漸多，而漸忘其本來，又日困於賓客，每爲一文，則必匆迫草率，稿尚未脫，已付鈔胥，非直無悉心審定之時，並且再三經目之事，非不自知其不可，而潦草塞責亦幾不免。」他又認爲變法事業範圍甚廣，所以爲文立論之時，對於先後次序問題很難固定。（註三七）同時因受嚴復和黃遵憲兩位「教不可保」的影響，可說一語驚醒夢中人，梁氏乃有反對保教思想之萌芽。但這對他民主君憲思想的看法，並無太大的改變，他在信中說：「來書又謂教不可保而亦不必保，又曰保教而進則又非所保之本教矣，讀至此，則據案狂叫，語人曰：『不意數千年悶葫蘆，被此老一言揭破』，不服先生之能言，而服先生之敢言之也。國之一統未定，群疑並起，天下多才士；既已定鼎，則黔首戢戢受治，薾突無人才矣。……國之强弱情推原於民主，民主斯固然矣，君主者何？私而已矣；民主者何？公而已矣；然公固為人治之極則，私亦為人類所由存。……今之論且無遽及此，但中國今日民智極塞，民情極渙，將欲通之，必先合之。合之之術，必擇衆人目光心力所最趨注者，而舉之以為的，則可合，既合之矣，然後因而旁及於所擧的之外，以漸而大，則人易信，而事明成。譬猶民主，固救時之善圖也，然今日民意未講，則無寧先藉君權以轉移之，彼言教者其意亦若是而已。」（註三八）

從上面的函件中，梁氏已成為名震全國的政論家，時務報時期是他一生輝煌的報業生涯之始。同時他認為民主是可貴的，是變法的終極目標。但在這時，因民智未開，遽言民主共和是危險的，所以君憲為進入共和最佳途徑。

梁氏積極宣揚變法，其目的在啟民智，開風氣。人民教育智識的提高，則其政治、民族意識自然提昇，他們會逐漸覺察到清廷的腐敗無能，也會體認到漢民族在政治上的不平等。在時務報時期，梁氏並未直接觸及滿漢種族問題，滿人企圖繼續保有其統治權，置滿人的利益於國家利益之上之際，漢民族的愛國情操油然而生。表面上，梁氏的民權思想「但微其緒，命」。

未敢昌言。」（註三九）實際上，已發揮了隱含革命的功能；可謂名爲「變法」，實則「革命」。

三、湖南時期

光緒二十三年，中國十八行省推行新政，最具規模的要算湖南省，這得力於湘省巡撫陳寶箴。是年秋冬，維新派人士黃遵憲、譚嗣同和梁啟超先後入湘，使維新運動達到最高峯。當時較爲特出的新政就是時務學堂、南學會和保衞局的設立。同樣的，所引起保守派的反擊也愈大，兩派的對抗形同水火。

時務學堂之設，從它的取名，可知是受到梁氏的影響；經陳寶箴批准立案，遂由湘紳籌款興舍。參與重要人士有熊希齡、王先謙、蔣德鈞等人，並委託汪康年協助購置儀器（註四〇）。陳寶箴上奏摺中提及籌設學堂的經過：「近年聞見漸拓，風氣日開，頗以講求實學爲當務之急。臣自到任，迭與湘省紳士互商提倡振興之法，電信漸次安設，小輪亦已舉行，而紳士中復有聯合公司以機器製造者，士民習見不以爲非，臣以爲因勢利導，宜及此時因材而造就之。當於本年秋冬之間，與紳士籌商，在省會設立時務學堂，講授經史掌故公法有格致測算等實學。額設學生一百二十人，分次考選，而延聘學兼中西，品端識卓之舉人梁啟超、候選州判李維格，爲中學西學總教習。另設分教習四人。現已開學數月，一切規模，均已粗具。」（註四一）學校成立時，譚嗣同致函汪康年，表示湘紳邀請梁啟超、李維格任時務學堂中、西學總教習的誠意，至於時務報的稿件亦可由湘寄滬，爲爭取梁氏至湘，必要時請譚親自至滬面商。（註四二）可見當日在湘紳的心目中，梁氏所具的吸引力；能夠請梁氏執教，是一件光榮的事。

梁氏在未到達湖南之前，康有爲也親至滬與維新派人士商討未來教育宗旨，可見他們對此次入湘講學的重視。據狄葆賢記任公先生事略中說：「任公於丁酉冬月將往湖南任時務學堂，時與同人等商進行之宗旨，一漸進法，二急進法，三以立憲爲本位，四以徹底改革洞開民智以種族革命爲本位，當時任公極力主張第二第四兩種宗旨，其時南海聞任公之將往湘也，亦來滬商教育之方針，南海沈吟數日，對宗旨亦無異詞。所以同行之教員如韓樹園、葉湘南、歐矩甲皆一本此宗旨。其改定之課本遂不無急進之語。（註四三）

甲午戰敗後三年，清廷毫無改革圖變的動靜，坐待外人繼續侵凌，令維新派人士失望。此時陳寶箴任湖南巡撫，其子陳三立佐之。同年六月黃遵憲奉派湖南按察使，徐仁鑄爲學政。梁氏適於此被聘爲學堂總教習。根據梁啟勳曼殊戊辰筆記說：「先是達縣吳小村（德瀟）先生方署錢塘縣令，擬在杭州西湖賃一屋，購書數千金，並聘英、法文教員各一人，伏伯兄（

啟超）於湖上，三年而後縱之，同時陳右銘（寶箴）巡撫湖南，黃公度爲臬司，辦時務學堂於長沙，聘伯兄主講座。吳、黃二公當日以出處問題，爲數月激烈之爭論，黃獲勝，（啟超）乃於秋間入湖南。」（註四四）可見梁氏實際的推薦人是維新派領袖黃遵憲；黃氏曾出使英，且爲按察使，他的推薦是有力量的（註四五）。因此，維新派人士，包括譚嗣同在內，一時齊集湖南共同合作提倡民權，進行種族革命，是有計劃、有目標的。

梁氏於是年十月到達長沙。關於授課情形，在他的「清代學術概論」裏，記述頗詳：「已而嗣同與遵憲、熊希齡等，設時務學堂於長沙，聘啟超主講席，唐才常等助教，啟超至，以公羊、孟子教課以劄記，學生僅四十人，而李炳寰、林圭、蔡鍔稱高材生焉。啟超每日在講堂四小時，夜則批答諸生劄記，每條或至千言，往往徹夜不寐，所言皆當時一派之民權論，又多言清代故實，臚舉失政，盛倡革命。其論學術則自荀卿以下漢、唐、宋、明、清學者，掊擊無完膚，時學生皆住舍，不與外通，堂內空氣日日激變，外間莫或知之，及年假諸生歸省，出劄記示親友、全湘大譁。」（註四六）

當時梁氏和譚嗣同、唐才常、韓樹園等人，先讓學生筆記，經批閱後發還學生，共同研討。經過幾個月後，他們的激烈種族主義，排滿思想，使青年學子思想上產生了極大的變化。談到種族主義就會提到滿族統治漢族，又列舉清廷的秕政，種族仇恨油然而生。我們從「翼教叢編」所收集殘存的批劄上，可知他們言論上激烈：「韓樹園的批語：『後世爲臣者不明以臣佐君之義皆是爲民作用，而遂甘爲奴隸婦孺，至於國破時僅以一死塞責，後世遂目爲忠臣，二千年之錮蔽牢不可破。』」梁氏的批語，其一：「屠城屠邑，皆後世民賊之所爲，讀楊州十日記尤令人髮指眦裂，故知此殺戮世界，非急以公法維之，人類或幾息矣。」其二：「二十四朝其足當孔子王號者無人焉，間有數霸者生於其間，其餘皆民賊也。」其三：「春秋大同之學，無不言民權者，蓋取六經中所言民權者編集成書，亦大觀也。」其四：「議院雖創於泰西，實五經諸子傳記，隨舉一義，多有其義者，惜君統太長，無人敢言耳。」（註四七）梁氏批劄中明白指出清室入關時揚州十日的屠城事件，甚至有「君統太長」的語句。這種激烈言論等到學生於年假歸省，出劄記以示親友，引起當時保守派的全面攻擊。

在時務學堂與梁啟超共事的唐才常和譚嗣同，也都是醉心革命的人物，他帶有強烈的種族革命思想。梁、譚等又將黃宗羲的「明夷待訪錄」和王秀楚的「揚州十日記」印了數萬本，到處散佈，傳播革命思想，信奉者日衆。（註四八）

大家都知道「明夷待訪錄」裏面充滿强烈的民族革命熱情，批判專制君主的暴政，發揮孟子的民本主義思想，是清末改革派及革命派所共同喜愛的讀物，特別是革命派爲鼓吹反滿運動，翻刻或重刊此書者甚多。揚州十日記是敘述滿人入關屠殺漢人的史實，其含有激烈的民族意識，使讀者產生强烈的種族仇恨，自不待言。而在此時這兩本書於民間散發，其倡言種族革命是極明顯的。

梁、譚和黃遵憲等繼續進行積極的排滿行動，係受到當時德佔膠州，俄租旅順、大連，而清廷竟束手無策的刺激；爲了漢族未來的生存，他們準備「地方自治」，因應亡國威脅時而獨立，以湘南爲根據地，因此他在「上陳中丞書」中說：「啟超以爲天下事，思之而已之力不能爲者，勿思焉可也；言之而所與言之人權力不能行者，勿言焉可也。嗚呼，今日非變法萬無可以圖存之理，而欲以變法之事，望政府諸賢，南山可移東海可涸，而法終不可得變。然則此種願望之念，斷絕焉可也，願望既絕，束手待斃，數年之後，吾十八省爲中原血，爲俎上肉，寧有一幸。故爲今日計至必有腹地一二省可以自立，然後中國有一線之生路。今夫以今之天下，天子在上，海內爲一，而貿然說疆吏以自立，豈非大逆不道，狂悖之言哉！」（註四九）

「且啟超之爲此言也，豈有如前代遊說無賴之士，勸人爲豪傑割據之謀，以因利乘便云爾哉？今之天下，非割據之天下，非直非割據之天下，抑且日思所以合十八省爲一國，以拒外人，猶懼不濟而況於自生界畫乎？此其義也，雖五尺之童，莫不知之，啟超雖戇愚，豈昧於此。所謂日夜孜孜，存自立之心者，謂爲他日窮無復之之時計耳，豈曰謂目前之言哉？而無事則整頓人才，興起地利其於地方之責，亦固應爾，而終不必有自立之一日，此豈非如天之福乎？脫有不幸，使乘輿播遷而六飛有駐足之地，大統淪陷，而種類有依恃之所，如是焉而已。」（註五〇）

梁氏勸導陳寶箴領導湖南自立之事，陳對他的建議是默認的；否則不會讓他繼續留在學堂。湖南如能獨立，其他各省繼之，間接將促成清廷的覆亡，漢族才能圖存，這和革命論幷無差異。

湖南反對派以王先謙、葉德輝爲中堅，他們反對的言論事蹟和他們的主張，「翼教叢編」一書搜羅得很詳盡，可以參考。現在選錄幾節，藉見他們激烈反對情形之一斑。其一：「自黃公度爲湖南鹽法道，言於大吏聘康之弟子梁啟超主講時務學堂，張其師說，一時衣冠之倫，罔顧名義，奉爲教宗，其言以康之新學僞經考，孔子改制考爲主，而平等民權，孔子紀年諸謬說輔之，僞六經，滅聖經也；託改制，亂成憲也；倡平等，墮綱常也；伸民權，無君上也；孔子紀年，欲人不知有本朝也。……許尚書、文侍御旣以參劾獲罪，而其尚且執新舊相爭爲詞，欲以阻撓新政之名，羅識異己，自朝逮野，默不敢言，惟張香濤尚書勸學篇，王幹臣吏部實學報辭而闢之，未加顯斥。我湘如王葵園祭酒、葉煥彬吏部數先生，洞燭其奸，摘發備至。……余愍焉憂之，以爲匪發其覆，衆醉不可醒也，爰倡輯諸公論說及朝臣奏牘有關教學者爲叢編，命之翼教……。」其二、王先謙復洪教諭書：「總之學術非可强同，何況名教綱常之大，豈容稍有假借。弟在講席一日，必竭一日維持之力，雷霆斧鉞，所不敢避，如宗師必查究倡議主筆之人，即坐弟一人可也。」其三、賓鳳陽等上王益吾院長書：「戴德誠、樊錐、唐才常、易鼐等承其流風，肆行狂煽，直欲死中國之人心，翻瓦古之學案，上自衡、永、下至岳、常，邪說浸淫，觀聽迷惑，不解熊、譚、戴、樊、唐、易諸人，是何肺腑，必欲傾覆我邦家也。」其四、葉德輝氏尤攻擊合種通教之說：「人之攻康、梁者，大都攻其民權平等改制耳，鄙人以爲康、梁之謬，尤在於合種通教諸說。梁所著孟子界說，有進種改良之語，春秋界說九論世界之遷變，隱援耶穌創世紀之嗣響，此等異端邪說，實有害於風俗人心。……然自彼通之，（江按：謂外人引用儒書）謂之用夏變夷，自我通之，謂之開門揖盜，此中界限，持之不可不堅，彼談時務者，乃敢昌言於衆，曰通教以保教，抑何喪心乃爾也。」（註五一）

光緒二十四年春，梁啟超已離湘，但時務學堂批答的餘波仍未平息，當地保守派人士尙憤懣不平，見維新派勢力在康、梁奔走下，推行新政如日中天，更激起湘紳的公憤，終於在戊戌「百日維新」期間，由王先謙領銜向湘撫陳寶箴提出了著名的「湘紳公呈」。此時正是康、梁在北京進行變法的高潮，湘紳敢公然具名呈遞，最主要的就是他們手上掌握了梁啟超等在學堂的批箚代表地方上保守派對梁氏的不滿，呈文的內容摘要如下：「湘省風氣醇樸，人懷忠義，惟見聞稍陋，學愧兼通。上年開設時務學堂，本為當務之急，凡屬士民，無不聞風興起。乃中學教習廣東舉人梁啟超，承其師康有為之學，倡為平等平權之說，轉相授受。原設立學堂本意，以中學為根柢，兼採西學之長，堂中所聘西學教習李維格等，一切規模俱屬妥善。至於中學所以為教本有康莊大道，無取鑿險縋幽，梁啟超及分教習廣東韓、葉諸人，自命西學通人實皆康門謬種。而譚嗣同、唐才常、樊錐、易鼐輩，為之乘風揚波，肆其簧鼓。學子胸無主宰，不知其陰行邪說，反以為時務實然，喪其本眞，爭相趨附，語言悖亂有如中狂。始自會城，浸及旁郡，雖以謹厚如皮錫瑞，亦被煽惑。形之論說，重遭詬病，而住堂年幼生徒，親承提命，朝夕濡染，受害更不待言。」（註五二）陳寶箴對公呈雖批示：衆紳有門戶意見，他深自引咎；但他仍將時務學堂改組，將梁所聘的分教習全部易人。這可見舊黨所附這一證據的確厲害。陳未將新黨拘禁，那只是由於他也脫離不了關係，他不能執法究辦。（註五三）

梁氏主持時務學堂同一期間，譚嗣同比梁氏遲一個月到達長沙，未久，即成立著名的「南學會」。譚嗣同於甲午之後，即倡民族主義，他的父親譚繼詢是湘北巡撫，與陳寶箴是同寅；而陳對嗣同之「識度、才氣、性情」深為賞識。所以他到達長沙後，南學會就成為新政推動的中心。

南學會成立於光緒二十三年十一月廿一日，組成分子卽當日湖南政要陳寶箴、黃遵憲等，和地方紳士如譚嗣同、唐才常等。譚氏於是年五月在南京時就有成立學會的主張，其目的在人民智識水準未提高之前，卽使不能伸民權，至少也可伸紳權。在給他的老師歐陽中鵠的信中說：「敷佈新學，用之於一縣，亦足以開氣，蘇近困，育人才，保桑梓，卽陰以存中國。嗣同嘗私計，卽不能興民權，亦當畀紳耆議事之權。夫苟有紳權，卽不必有議院之名，已有議院之實矣。是以合十八行省日日談變法，所事尚不逮乎瀏陽，固存乎其人，亦由有紳權無紳權故也。」（註五四）

梁氏和譚嗣同都有相同的看法，認爲湖南人傑地靈，可先行開辦議會，將來推行及全國，他在南學會序中說：「今以中國之大，積弊之久，欲一旦聯而合之，吾知其難矣。其能如日本之已事，先自數省者起，此數省者，其風氣成，其規模立，然後浸淫披靡以及於他省。苟萬夫一心，萬死一生，以圖之，以力戴王室，保全聖教，噫，或者其猶可爲也。南天下之中，而人才之淵藪也，其學者有畏齋船山之遺風，其任俠尚氣，與日本薩摩長門藩士相彷佛，其鄉先輩若魏默深、郭筠仙，曾劼剛先生，爲中土言西學者所自出焉。兩歲以來，官與紳一氣，士與民一心，百廢具舉，異於他日，其可以强天下而保中國者，莫湘人若也。今諸君子旣發大願，先合南部諸省而講之，庶幾官與官接，官與士接，士與民接，省與省接，爲中國熱力之起點，而上下從茲其矩絜，學派從茲其溝通，而數千年之古國，或可自立於天地也，則啟超日日執鞭以從諸君子之後，所忻慕焉。」（註五五）

黃遵憲也是南學會主要推動人之一，他也和梁、譚有同一看法，假「地方自治」之名，進行湖南自立。他在南學會第一次的演講中說：「諸君諸君，能任此事，則官民上下，同心同德，以聯合之力，收群謀之益，生於其鄉，無不相習，不久任之患。得封建世家之利，而去郡縣專政之弊，由一府一縣推之一省，由一省推之天下，可以追共和之郅治，臻大同之盛軌，余之言略盡於此。而尚有極切要之語爲諸君告者，余今日講義，譬之而曰開民智，毀之者曰侵官權，欲斷其得失，一言以蔽之曰，公與私而已。諸君能以公理求公益，則余此言不爲無功，若以私心求私利，彼擅權恃勢之官，必且以余爲口實，責余爲罪魁，乞諸君共鑒之，願諸君共勉之而已。」（註五六）

梁、黃、譚的新政以南學會爲中心，時務學堂却是宣揚革命言論最理想的地方，同時又獲得陳寶箴的暗中支持，他們言論和理想相配合，與他們倡民權的政治理想與抱負是相符合的。

梁啟超對湖南確實寄予無限的希望，但受到保守派的攻擊下，他帶著悲憤的心情，離湘赴滬，他曾與同志慷慨論救國事：「吾人不能捨身救國者，非以家累，卽以身累。我輩從此相約，非破家不能救國，非殺身不能成仁，目的以救國爲第一義，同此義者皆爲同志。我輩不論成敗是非，盡力做將去，萬一失敗，同志殺盡，只留自己一身，此志仍不可灰敗，仍須盡力進行。然此等時方爲吾輩最艱苦之時，今日不能不先爲籌畫及之，人人當預備有此一日，萬一到時，不仍以爲苦方是。」（註五七）

時務學堂的劄記是由青年學子帶回家後宣示於人，引起「湘人大譁」。南學會的活動，對象是民間會友，它的目標是湖南獨立。他們散播了革命種子，使革命思想在湖南紮根，所以梁氏在戊戌政變記中，他說：「自時務學堂，南學會等既開後，湖南民智驟開，士氣大昌。各縣、州、府私立學校紛紛並起，小學會尤盛。人人皆能言政治之公理，以愛國相砥礪，以救亡爲己任。其英俊沈毅之才，遍地皆是，其人皆在二、三十歲之間，無科第，無官階，聲名未顯著者，而其數不可算計。自此以往，雖守舊者日事遏抑，然而野火燒不盡，春風吹又生，湖南之士之志不可奪矣。維全國瓜分，而湖南亡後之圖，亦已有端緒矣。」（註五八）

光緒二十四年，德佔膠州；俄租旅順、大連，京師人心震恐，深怕中國遭到列強的瓜分，康有爲在京師發起「保國會」，梁啟超病後，康復，自滬赴京全力爲康氏奔走謀畫。「保國會」前後三次集會，到會的人數都超過百人以上，京師風氣一時大變。康氏等擬定「保國會章程」三十條，其主要宗旨：㈠保全國之國民國教。㈡保國家之政權土地。㈢保人民種族之自立。㈣保聖教之不失。㈤講內治變法之宜。㈥講求外交。㈦講求經濟之學，以助有司之治（註五九）。繼之而起的，全國各地有「保滇會」、「保浙會」，都想保存國土，促進開明，支會漸衆，謗議遂起（註六〇）。

當時浙人孫灝撰「駁保國會」一文，分印送京師朝士，守舊大臣皆喜其說，輾轉傳聞、滿人無識，一唱百諾。於是御史李盛鐸、潘慶瀾、黃桂鋆等先後參劾，軍機大臣剛毅遂欲查辦入會諸人。德宗曰：「會能保國，豈不大善？何可查究耶？」事遂止。後許應騤、史文悌再劾康氏，謂：「『保國會』之宗旨，在保中國不保大清。」至此，參與「保國會」的人士，乃漸散去（註六一）。

考查此時康有爲發起「保國會」的動機，確有「保中國不保大清」之意。此由其因懼列强瓜分中國，爲免中國之亡國滅種而組會，即可窺見實情。不過，由於德宗對康氏的賞識，又不知康氏的本意，希望康氏全心全力進行變法維新，以輔助清室。

百日維新期間，梁啟超由於位小權輕，並未受到重視，對於保皇的信念，不若康有爲强烈。因此，「保中國不保大清」的意念，未曾稍變。

當時謠傳守舊派有廢立之擧，康有爲遂上密摺，「請仿日本立參謀本部，選天下虎羆之士，不二心之臣於左右，上親　甲冑而統之」（註六二），有意發動反慈禧守舊派的政變。然而德宗的改革意志動搖了，一方面由於德宗本身的怯懦，一方面也是守舊勢力太大，所以他才不敢妄捋虎鬚，觸怒太后。事情發展至此，康有爲，譚嗣同乃密商召袁世凱入京，以武力掃除舊黨勢力。此舉大大地觸怒了慈禧太后，再加上袁氏的倒戈，遂發生了戊戌政變，維新人士遭緝捕，新政停辦。

在查抄康有爲家產時，發現一封何樹齡致康氏的書信，其中實有「保中國不保大清」之意。稱清廷爲大濁國。政變後，康氏惑於德宗之知遇，乃更其初衷（註六三）。惟梁啟超自始卽以語言不通，僅獲授六品譯書小官，毫無施展才能的機會，故仍本其原來的信念，企圖推翻清廷，實行種族革命。因此，戊戌政變後康有爲的保皇，係保清室；梁啟超既未受德宗的寵信，百日維新期間位卑權小，復目睹清室已爲强弩之末，無可救藥，故梁氏保皇的信念甚微，而救漢族圖存的大志始終未滅，卽梁氏一再强調救國爲第一要義。

【附註】

註　一　見丁文江，梁任公年譜長編上，頁二一。

註　二　同註一。

註三　李定一，中國近代史，頁一五二～一七〇。
註四　康南海年譜，見戊戌文獻四，頁一三〇。
註五　梁啓超，戊戌政變記附改革起源，頁一一三～一一四。
註六　同註五，頁一二六。
註七　康有爲，上清帝第二書，見戊戌文獻二，頁一三二。
註八　譚嗣同全集，頁二八八。
註九　同註七，頁一三三。
註十　梁啓超，與夏穗卿書，見任公年譜上，頁二五。
註一一　梁啓超，戊戌政變記附改革起源，頁一二六。
註一二　康南海自編年譜，見戊戌文獻四，頁一三三。
註一三　丁文江，任公年譜上。
註一四　梁啓超，飲冰室文集廿九，頁三八。
註一五　亓冰峯，淸末革命與君憲的論爭，頁一五。
註一六　上海强學會章程，見戊戌文獻四，頁三八九～三九四。
註一七　李守孔，中國近代史，頁五四三。
註一八　淸德宗實錄卷卷三八〇，頁八。
註一九　見中華民國開國五十年文獻第一編第八册，頁三六六～四二九。
註二十　梁啓超，初歸國演說辭，文集廿九，頁二。
註二一　梁啓超，創辦時務報源委，見戊戌文獻四，頁五二五。

註二二　王德昭，黃遵憲與梁啓超，見近代中國思想人物論，頁六四一。
註二三　汪頌谷，任公事略，見任公年譜上，頁三一～三二。
註二四　同註二十三，頁三二。
註二五　梁啓超，與嚴幼陵先生書，文集一，頁一〇八～一〇九。
註二六　梁啓超，西學書目表後序，文集一，頁一二八。
註二七　梁啓超，與某某書，見翼教叢編附錄，頁七。
註二八　梁啓超，論科舉，文集一，頁二七～二八。
註二九　梁啓超，論不變法之害，文集一，頁七～八。
註三十　同右。
註三一　梁啓超，論變法不知本原之害，文集一，頁一〇。
註三二　梁啓超，西學書目表後序，文集一，頁一二九。
註三三　黃彰健，戊戌變法史研究，頁五，引「覺迷要錄卷四」，頁二二。
註三四　張朋園，梁啓超與清季革命，頁四七。
註三五　時務報啓事，見任公年譜上，頁三八。
註三六　梁啓超，清議報一百册祝辭，文集六，頁五二。
註三七　梁啓超，與嚴幼陵先生書，文集一，頁一〇七。
註三八　梁啓超，與嚴幼陵先生書，戊戌文獻四，頁五四一。
註三九　梁啓超，清代學術概論，頁六二。
註四十　黃彰健，戊戌變法史研究，頁一三～一四。

註四一　湖南巡撫陳寶箴摺，見戊戌文獻五，頁二四二。
註四二　黃彰健，戊戌變法史研究，頁一四。
註四三　狄楚青，任公先生事略，見任公年譜上，頁四四。
註四四　梁啓勳，曼殊戊辰筆記，見任公年譜上，頁三七。
註四五　黃彰健，戊戌變法史研究，頁二。
註四六　梁啓超，淸代學術槪論，頁六二。
註四七　時務學堂課藝批，戊戌文獻二，頁五四七～五五〇。
註四八　梁啓超，淸代學術槪論，頁六二。
註四九　梁啓超，上陳中丞書，戊戌文獻二，頁五三三。
註五〇　同右，頁五三三～五三四。
註五一　參閱葉德輝，翼敎叢編。
註五二　王先謙，湘紳公呈，戊戌文獻二、頁六四〇。
註五三　黃彰健，康有爲與保中國不保大淸，大陸雜誌史學叢書四輯五册，頁二九九。
註五四　黃彰健，戊戌變法史研究，頁九～一〇。
註五五　梁啓超，南學會序，文集二，頁六六～六七。
註五六　黃遵憲，南學會第一次講義，見戊戌文獻四，頁四二三～四二五。
註五七　狄楚青，任公先生事略，任公年譜上，頁四八。
註五八　梁啓超，戊戌政變記附錄二，頁一四三。
註五九　參閱梁啓超：戊戌政變記第三篇政變前記，及康南海自編年譜。

註六〇　郭廷以：中國近代史綱，頁五五一。

註六一　郭廷以：同右，頁五五二。

註六二　見康南海自編年譜，戊戌變法文獻彙編第㈣册，頁一五九。

註六三　參見黃彰健：論光緒丁酉十一月至戊戌閏三月康有爲在北京的政治活動。

肆、流亡日本前期的烈排滿言論

光緒二十四年八月六日，慈禧太后在守舊派大臣擁護下，發動奪權的政變。光緒皇帝被幽禁，維新派份子多被緝拿查辦。康有爲和梁啟超藉在英、日外交官員協助下，東渡日本，從此展開了對西太后的激烈攻擊。

戊戌政變發生後，梁啟超經由日本公使館的安排，搭乘「大島」兵艦赴日。當時他是懷著極大的悲憤離開他所熱愛的祖國，在赴日途中，他寫下一篇「去國行」，抒發胸中的鬱悶，其中說：「嗚呼！濟艱乏才兮，儒冠容容；佞頭不斬兮，俠劍無功。君恩友仇兩未報，死於賊手毋乃非英雄。割慈忍淚出國門，掉頭不顧吾其東。……大陸山河若破碎，巢覆完卵難爲功。我來欲作秦庭七日哭，大邦猶幸非宋聾。……城狐社鼠積威福，王室蠢蠢如贅癰，浮雲蔽日不可掃，坐應螻蟻食應龍。可憐志士死社稷，前仆後繼形影從。一夫敢射百決拾，水戶、薩長長間流血成川紅。爾來明治新政耀大地，駕歐凌美氣葱蘢，旁人聞歌豈聞哭，此乃百千志士頭顱血淚迴蒼穹。」（註一）文內表現出對光緒皇帝的眷戀和對慈禧太后等守舊份子的痛恨，同時也對日本明治維新的成功，表示欽佩、讚嘆，而希望等待機會捲土重來。

一、箱根讀書和吸收新知

梁啓超到達日本以後，受日本政府的保護，甚爲優禮，飲食起居均由日本政府負責，生活頗爲安定。此時梁氏悟及讀書窮理乃人生最快樂的事，心如有所得，則感覺其樂無窮，故汲汲吸取新知。

梁氏初到東京時，係住牛込區馬場下町，與日人犬養毅、高田早苗、栢原文太郎時有來往，彼等乃爲他講解日本文法。梁氏遂開始學習日文。光緒二十五年春，康有爲離日赴美，梁啟超約羅普同往箱根，習靜讀書。當時他想讀日本書，但苦於不諳日文假名，恰好羅氏深通中國文法，又能日文，兩人乃相互研討，訂立若干通例，共同編成「和文漢讀法」一書。至此，梁氏已能粗讀日文書籍，而收效頗大，這或許與他勇於吸取新知有甚大關係。

數月後，梁啓超因讀日文書籍獲益良多，不禁讚說：「我國人之有志新學者，盍以學日本文哉。日本維新三十年來，廣求智識於寰宇，其所謂所著有用之書，不下數千種，而尤詳於政治學、資生學、智學、群學等，皆開民智、強國基之急務也。我中國之治西學者固微矣。其譯出各書，重於兵學、藝學，而政治、資生等本原之學，幾無一書焉。……今者余日汲汲將譯之以餉我同人，然詩譯而讀之緩而少，不若學文而讀之速而多也。此余所以普勸我國人之學日本文也。」（註二）在這裏，他認爲中、日兩國對於西方知識的吸取有很大的差異。梁氏進一步探討結果，發覺日本明治維新之所以成功，確有其獨到之處，而滿清政府自強運動的失敗，誠由於眼光短淺，未能深切瞭解西學奧妙之處。蓋日本吸取西方知識，乃自其學術理論入手，使人民智識大開，然後才從事科技的研究；由於有了良好理論的基礎，科技的發展才不致落入空談。反觀中國的學習西方文明，則本末倒置，導致無法實實在在的吸收西方的基本知識，來達成強國的目標。梁啓超有鑒於此，遂大聲疾呼學習日文，希望經由日文書籍對西學的介紹，將西方文化傳入中國，以備來日變法之用。

光緒二十五年十一月，梁啓超離日赴美，總計他居日本約爲一年兩個月，這一年多的生活，最重要的便是他的思想的改變和學問的增進。他在「夏威夷遊記」中說：「又自居東以來，廣搜日本書而讀之，若行山陰道上，應接不暇，腦質爲之改易，思想言論與前者判若出兩人。每日閱日本報紙，於日本政略學界之事，相習相忘，幾於如己國然，蓋我之於日本眞有所謂密切之關係，有許多之習慣耶，於腦中欲忘而不能忘者在也。」（註三）可見日文對梁氏思想的改變具有甚大的影響。

梁啓超自己研習日文書籍，並介紹給國內知識份子，其所產生的影響如何呢？自戊戌政變以後，接著發生庚子拳禍，清室的腐敗衰微更加暴露無遺，青年學子乃相率求學海外。由於日本較接近中國，故赴日者尤衆。自是譯述之業特別興盛，定期出刋之雜誌甚夥，日本每一新書出刋，譯者動輒數家，新思想的輸入，如火如荼；於是產生了所謂「梁啓超式」的輸入——也就是「無組織，無選擇，本末不具，派別不明，惟以多爲貴」的一種方式，然而却深受社會大衆的歡迎（註四）。由此可知，梁氏對於改造社會風氣，以及啓迪民智，卓有貢獻。

其實早在光緒二十三年，梁啓超創設大同譯書館於上海時，他便已主張翻譯日文書籍（註五）。梁氏鼓勵國人學習日文不遺餘力，並非表示他不看重西文，他認爲目前中國學界的情形，治西學不如治東學之收效大（註六），所以他才會全力倡導閱讀日文書籍。

二、辦報與興學

康、梁在鼓動變法維新之初，爲了傳播變法的思想，乃創辦報紙，宣揚新學，希望藉此啓迪民智、開通風氣。光緒二十二年，梁啓超在上海時務報上的言論，就已引起國人的注目。戊戌政變後，梁氏亡命至日，考慮將來的出處時，決定發揮自己的長處，亦即以其具有豐富感情的文筆，發抒言論，來鼓動人心，因此決定重新辦報。

光緒二十四年十月，梁啓超即在橫濱與商界籌議辦報，十一月十一日出版「清議報」第一期。清議報是梁氏在海外所發行的第一份保皇黨的機關報，出版時間長而影響力頗大。該報月出三册，每册約有四十頁，與時務報相似，也是旬刊。至光緒二十七年十一月二十日止，先後發行三年餘，共出一百册。館址設在橫濱居留地一三九番（註七）。

創辦清議報的經費，據馮自由「任公先生事略」，說是旅日華商馮鏡如等所籌募：「己亥春，發刊『清議報』於橫濱，經費由旅日華商馮鏡如、馮紫珊、林北泉等募集。」據王照「復江翊雲兼謝丁文江書」，則說是梁氏運用妻兄李端棻的贈金開辦：「追逃至日本，任公帶有李端棻所贈赤金二百兩，立即於橫濱創辦『清議報』。」此兩說大致均屬正確，亦即馮鏡如等所出資金較多，故任「發行兼編輯」，梁氏所出較少，乃不居任何名位。然而報刊所有言論，則梁氏實主其事。

清議報第一期中，載有梁啓超所撰「清議報敍例」一文，說：「嗚呼！我支那國勢之危險，至今日而極矣！雖然天下之理，非剝則不復，非激則不行。晚近百餘年間，世界社會日進，文明有不可抑遏之勢。抑之愈甚者，變之愈驟，遏之愈久者，決之愈奇。故際列國之始，未嘗不先之以桎梏刑戮之慘酷。吾嘗縱觀合衆國獨立以後之歷史，凡所謂十九世紀之雄國，若英若法若奧若德若意若日本，當斯新舊相角，官民相爭之際，無不殺人如麻，不絕如縷。

始則陰雲妖霧，慘暗蔽野；繼則疾風暴雨，迅雷掣電，旋出旋沒，相搏相擊；其終乃天日忽開，赫曦在空，和風甘雨，扇邑群類。世之淺見者，徒艷羨其後此文物之增進、民人之自由，國勢之浡興，而不知其前此拋幾多血淚，擲幾多頭顱以易之也。我支那數千年來，義俠之風久絕，國家祇有易姓之事，而無革政之事。士民之中，未聞有因國政而以身爲犧牲者。是以民氣喑然不昌，國勢薾焉不振，月澌月削，以至於今日，而否塞極矣。善夫烈士譚君嗣同之言也，曰：世界萬國之變法，無不經流血而後成，中國自古未有因變法而流血者，此國之所以不昌也。有之，請自嗣同始。嗚呼！吾聞譚君之言，始焉而哀，終焉而喜，蓋我支那數千年以來，正如嚴多寒沍，水澤腹堅，及有今日之事，乃所謂一聲春雷，破蟄啟戶，自此以往，其必有仁人志士，前仆後繼，以扶國家之危於累卵者。安知二十世紀之支那，必不如十九世紀之英、俄、德、法、日本、奧、意乎哉！……嗚呼！此正我國民竭忠盡慮，扶持國體之時也。是以聯合同志，共興『清議報』，爲國民之耳目，作維新之喉舌。」（註八）這一大段話中，梁氏慨嘆中國沒有「因國政而以身爲犧牲者」，並表揚譚嗣同爲變法而流血之舉，在在顯示其言論的激烈性。但是梁氏正式標明的清議報四大宗旨是：「㈠維持支那之清議，激發國民之正氣；㈡增長支那人之學識；㈢交通支那、日本兩國之聲氣，聯其情誼；㈣發明東亞學術以保存亞粹。」（註九）由此看來，是報似乎以「主持清議，開發民智」爲主，不當有激烈之言論。其實四大宗旨乃避人耳目之場面語，「敍例」中的前一段話，才是滿腔悲憤的梁氏着力辦報的目的，換言之，即隱藏在他潛意識中的，是以民族、民權爲其基本的理想和抱負。

當清議報出完了一百册，梁啟超自己說出此報所有的特色是：㈠倡民權，㈡衍哲理，㈢明朝局，厲國恥。（註一〇）從這裏可以看出：「民權」和「國恥」，爲梁氏時刻不能或忘的，亦即其創辦此報的眞正用意所在。

在清議報初刊行的幾個月，主要的內容爲攻擊慈禧太后、榮祿、剛毅及袁世凱諸人，此外大部分則是保皇立憲的文章。當時梁啟超以「哀時客」爲筆名，在清議報上大倡其「尊皇論」。因爲他適遭政變，感恩光緒與憤恨守舊派之意正濃，所以很自然的有這種言論。同時因其師康有爲也在日本，他的言論多少總受點左右。「清議報」曾經「載譚嗣同所著之仁學，及譚述日本柴四郎著『佳人奇遇記』」，內有排斥滿清論調，爲康有爲所見，遽命撕毀重印，且誡梁氏：勿忘今上聖明，後宜謹愼從事」（註十一）。由此可知梁氏當時尚不能完全擺脫康氏的束縛，但是在彼此的思想上，已經出現了不小的裂痕。待康氏前往美洲，梁氏與革命黨往來，言論乃逐漸趨向激烈，革命的呼聲也就時聞於耳了。而他赴日後因研習日文，讀日本書籍，使他的視野擴大，思想丕變，言論自然也隨著轉移。此時梁氏思想已脫離康有爲的牢籠，不再受其約束了。

光緒二十五年七月一日，梁啟超在清議報上連續發表「飲冰室自由書」，力倡民權自由，言辭相當激烈。如「破壞主義」中說：「飲冰子曰：甚矣！破壞主義之不可以已也，譬之築室於瓦礫之地，將欲命匠，必先荷插；譬之進藥於痞瘠之夫，欲將施補，必先重瀉。非經大刀闊斧，則輪重無所效其能；非經大黃芒硝，則參苓適足促其死。歷觀近世各國之興，未有不先以破壞時代者，此一定之階段，無可逃避者也。有所顧戀。有所愛惜，終不能成。……凡人之情，莫不戀舊。戀舊之性質，實阻閡進步之一大根源地。……快刀亂麻斬，一拳碎黃鶴，使百千萬億蠕蠕戀舊之徒，瞠目結舌，一日盡喪其根據地，雖欲戀而無可戀，然後驅之以上進步之途，與天下萬國馳驟於大劇場，其庶乎其可也。」（註十二）這是梁氏首次標舉「破壞主義」的旗幟，此後他更大力鼓吹。所謂「破壞主義」，實際上就是「革命」。

梁啟超的「破壞主義」思想，乃間接由日本得之於西方。當時他正醉心於法人盧梭的思想，認爲近代西方的政治改革和日本的明治維新，都是受「民約論」的影響所致；因此，梁氏遂疾言民權自由之說。梁氏於「重印清議報全編廣告」中說：「本報戊戌十月，迄辛丑十一月，凡閱三寒暑，中分三時代：一曰戊戌之政變，二曰己亥之立儲，三曰庚子之國難。此三時代實爲中國存亡絕續之所關。當時天地晦冥，黑暗無光，舉國報館皆噤若寒蟬，惟本館孤掌難鳴。……謂本報爲戊戌政變之信史可也，謂爲己亥立儲之信史可也，謂爲庚子國難之信史可也。」（註十三）文中明白表示了他攻擊清廷的重點所在。此時他不曾提到清廷之是否適於統治中國的問題，而完全就時事以論清廷的失政誤我生民。由於事實具在，無容置疑，清室之信譽遂一落千丈，純係梁氏之力使然，而國人革命意願受到激勵，實與他有密切關係。（註十四）

清議報的內容，計分中西論說、中外要聞、哲學和政治小說等項。第十一號以後，又增加雜文、政治學說和詩文辭隨錄等三類。在新民叢報時代，梁啟超將全報重印合訂，題爲「清議報全編」，計分六集，凡三百餘萬言。其中關於民報與民族的言論，大致可分爲：㈠批評清廷失政；㈡鼓舞革命論說；㈢介紹政治法律常識；㈣自由民權論；㈤記事；㈥介紹進化論說；㈦歷史傳記；㈧其他雜文。可見梁氏在清議報的言論，乃援引當時世界的政治思潮，說明國家所以致弱的原因，冀能刺激國人的民族情感，積極奮發，拯救國家於危亡。因此，清議報的傳播，產生了相當可觀的成就（註十五）。

梁啟超醉心於民權，主張自由的信念，在清議報時代，表現得十分强烈。至於其價值如何？李劍農在「中國近百年政治史」中說：「『清議報』和『新民叢報』……政府儘管禁止，國內却是暢銷無滯，千千萬萬的士君子，從前罵康、梁爲離經叛道的，至此却不知不覺都受梁的筆鋒驅策，作他的學舌鸚鵡了。……梁這時代所發的議論，大約都是趨重打破現狀的議論。……排滿革命、破壞暗殺，都視爲救時之良藥。（甲辰、乙巳以後，他雖然極端反對排滿，但在癸卯以前，排滿的民族思想，常常流露於他的筆端。）」（註十六）此評甚爲允當。

清議報共發行三年，梁啟超親自主持的時間，爲前期和後期，中間的一段時間（光緒二十四年十一月至二十七年四月），他離日赴美旅遊，又往澳洲募款，其時報務暫由梁氏好友麥孟華代爲主持。由於麥氏的筆鋒不如梁氏出色，影響力頓減，梁氏也有所不滿，乃擬改弦更張，適報館一再被焚，遂乘機停刊，另組新報——「新民叢報」。

梁啟超在清議報上，明目張膽地攻擊政府，除開啟民智，鼓動國人革命風潮外，留日學生亦頗受其影響，紛紛開始留心國是。在此以前，革命派已在橫濱成立「興中會分會」，展開遊說，吸收同志，却因當時日本華僑風氣蔽塞，所獲效果不彰。迨梁氏清議報風行，倡勤王之說，並於光緒二十五年在橫濱成立「保皇會」，僑商中的「興中會」會員泰半轉入「保皇黨」，日本華僑社會幾爲「保皇黨」所控制，實因華僑仍具忠君與功名思想所致。

梁啟超除藉清議報開啟民智外，復從教育事業上著手，擴張勢力，拉攏留日華僑社會和學界的關係，爭取支持。光緒二十五年七月，梁氏聯合華僑曾卓軒、鄭席儒等創辦東京高等大同學校，校址設於東京牛込區東五軒町。梁氏「東京高等大同學校公啟」一文，說：「政變以來，內地學校停廢過半，而海外忠義之士，愈增蹈厲，橫濱大同學校負笈者蒸蒸日盛，而神戶繼之，新加坡繼之，泗水繼之，域多利繼之，其餘籌畫開辦者，各埠響應，中原文獻盛於海隅。斯實諸君子好義急公之苦心，抑亦我國家轉弱爲强之起點也。然就學者期於大成，任事者貴在進步，合群並舉，則聲氣易通，拾級以升，則高才益勸，故今者大同學校之設，有不容緩者，蓋四端焉……」（註十七）文中詳述創辦該校之緣起和海外華僑學校的興起情形。

東京高等大同學校開學之初，原來肄業於橫濱大同學校的學生，如馮自由、鄭貫一、馮斯欒、曾廣勷、鄭雲漢、張汝智等，隨卽轉入該校，此因他們對政治活動甚有興趣。另外前湖南時務學堂的學生林錫圭、秦鼎彝、范源廉、李羣、蔡鍔、周宏業、陳爲璜、唐才質、蔡鍾浩、田邦璿、李炳寰等十一人，也因愛戴梁氏而赴日進入該校求學。所以他們對政治意識的感受，也最爲深刻（註十八）。

東京高等大同學校的敎材，大多採用英、法名儒之自由平等，天賦人權諸說，學生受此新知的洗禮，耳目爲之一新；因此，該校的學生多喜高談革命，紛以盧梭、福婁拜爾、丹頓、羅伯士比、華盛頓相期許，可見該校在梁啟超的敎導下，學生具有相當濃厚的革命意識。

梁啟超於戊戌政變赴日後，開始了長期的流亡生涯。他在日本創辦報刋和興辦學校，以宣導他的民權和民族思想，積極地攻擊腐敗的滿清政府，其言論十分激烈，因而使海內外的中國人，逐漸瞭解革命的重要性。日後唐才常領導「自立軍」起義，卽深受梁氏的影響（註十九）。

三、革命、保皇兩黨的離合

梁啟超和康有爲逃到日本後，正在日本從事革命活動的　中山先生，主動提出與康、梁聯合反清的誠懇建議，却遭到康氏的拒絕。據馮自由的「中華民國開國前革命史」說：「戊戌政變事起，康、梁師徒亡命東京、中山、陳少白以同屬逋客，特親往慰問，並商以後合作問題。然康得清帝之眷顧，以帝師自居，目革命黨爲大逆不道，深恐爲所牽累，故託事不見，是爲兩黨最後軋礫之最大原因。」（註二十）當時康氏自謂奉有「衣帶詔」，不肯與被朝廷追緝的「革命黨」合作，乃別組「保皇黨」與之相抗。如此一來，遂使兩派人士在海外展開了激烈的鬥爭。不過，梁氏起初並不像康氏一樣，堅拒「革命黨」的合作計畫，私下裏仍與「革命黨」有來往。

光緒二十五年三月，康有爲赴加拿大，組織「保皇會」，梁啟超仍留日繼續在清議報上鼓吹斥后保皇。此時梁氏與　中山先生來往日密，革命意念更濃。是年夏天，一度擬合組團體。當時梁氏曾聯合康門弟子中較爲急進的如韓文擧、歐榘甲、張智若、梁子剛、唐才常等十三人，寫信給康有爲，一方面表示出同情革命的意願，一方面勸康有爲退隱，不要干預他們的行動。「於是有孫、康兩派合併之計畫，擬推中山爲會長，而梁副之。梁詰中山曰：『如此則將置康先生於何地？』中山曰：『弟子爲會長，爲之師者其地位豈不更尊？』梁悅服」。（註二一）後來當梁啟超準備同「革命黨」共同擬定合作章程時，康氏的另一個大弟子徐勤，移書康氏，謂梁氏已漸入　中山先生圈套，非速設法解決不可。時康有爲在新加坡，得書大怒，立刻派葉覺邁携款赴日，勸令梁氏即赴檀香山辦理「保皇會」事務，不許稽延！梁氏一來囿於師命，二來經濟上必須仰靠康氏，所以不得不順從康氏的意旨。

梁啟超遵師命離日，臨行之際，約　中山先生共商國事，「矢言合作到底，至死不渝」（註二二）。並且請孫氏爲他寫介紹信，以備至檀島與「興中會」同志聯繫。在檀島時期，梁啟超持孫氏的介紹函，取得當地「興中會」重要分子的信任，並時有書信與　中山先生，報告行程種種。此時他主要的工作，爲致力建立和發展「保皇會」，以及爲國內的「勤王」計畫籌款。他又苦心孤詣的標出「名爲保皇，實爲革命」的口號，吸引了大多數的華僑，使他們紛紛加入「保皇會」。梁氏在光緒二十六年一月十一日致　中山先生的信中說：「弟以此來不無從權辦理之事，但兄須諒弟所處之境遇，望勿怪之。要之，我輩既已訂交，他日共天下事，必無分歧之理。弟日夜無時不焦念此事，兄但假以時日，弟必有調停之善法也。」（註二三）這裏所指「從權辦理之事」，就是康有爲交待他組織「保皇會」的任務。時人及後人對梁氏「名爲保皇，實爲革命」之說，多不能諒解，指責他掛羊頭賣狗肉，破壞「革命黨」的組織；其實當時的梁氏，尙無法正面與康有爲衝突，乃不得不用「保皇」之名敷衍，而其內心所思所欲，厥爲眞正的「革命」無疑！

「保皇會」在檀香山勢力的擴張，使「興中會」組織幾乎陷於瓦解，此事引起　中山先生等「革命黨」人極大的不滿。而梁氏在同年三月二十九日致　中山先生的信中說：「夫倒滿洲以興民政，公義也；而借勤王以興民政，則今日之時勢最相宜者也。古人曰：『雖有智慧，不如乘勢。』弟以爲宜稍變通矣。草創既定，舉皇上爲總統，兩者兼全，成事正易，豈不甚善？何必故畫鴻溝，使彼此永遠不相合哉？」（註二四）由此可見孫、梁二人的意見，皆無可厚非，僅是所採手段和方法不同而已。但是孫氏深受西洋思潮影響，有志建立民主國家，而梁氏乃受傳統中國教育，兼受西洋思潮薰陶，以爲革命建國之大業，當兼通中西國情；否則不易成功（註二五）。及梁氏的影響日增，「保皇會」勢力漸大，國內自立軍「勤王」的計畫也有某些進展，他便逐漸淡忘了昔日同　中山先生等人的默契。

光緒二十六年，自立軍起義失敗，梁啟超赴南洋與澳洲，繼續從事「保皇會」的募捐活動；但是所得無幾，於是在光緒二十七年五、六月間，重返日本。次年二月，梁氏在横濱創辦「新民叢報」，放棄「斥后保皇」的口號，標榜「以教育爲主腦，以政論爲附從」，「於目前政府一二事之得失，不暇沾沾辭費」，並保證「不爲危險激烈之言論」（註二六）。最初二年，梁氏確曾有系統地介紹了西方的思想學說，並針對中、日的社會改造，作了適當的比較和批評。此時他所作的「新民說」、「論中國學術思想變遷之大勢」等文章，幾乎成了一代人的啟蒙教科書。

光緒三十一年，「同盟會」創辦「民報」，「革命黨」人加强了宣傳活動。「民報」對梁氏反對革命的主張，展開了批判，因而演成兩派間的一場大論戰，使兩派的思想鬥爭達到最高潮。

由革命、保皇兩派自聯合到決裂的過程來看，可以發現，自始至終，康有爲均持反對、鄙夷的態度，堅決不肯同「革命黨」合作，處處與「革命黨」作對，破壞其組織，搶奪其地盤。梁啟超對　中山先生的志行，雖然十分的欽服，却因受康氏的牽制，使他難以放手大幹一場，以致每次和「革命黨」合作計畫垂成之際，便遭到康氏的掣肘，最後竟然導致原本目標相同——推翻滿清建立民國——的兩派，形成水火，相互攻訐，不肯罷休。論者認爲革命、保皇兩派無法集中力量，或多或少地遲滯了清廷覆滅的命運。但事實上，兩派激烈論戰，眞理愈辯愈明，清廷積弱暴露無遺，兩報的讀者對國家的前途更爲關切，產生了革命的共識，加速了清廷的覆亡。

此外，對於當初促成康、梁與　中山先生合作的中間人——犬養毅——的撮合動機，也是值得一提的問題。當時日本政府的領袖人物，特別是「進步黨」的大限重信與犬養毅，對於革命和保皇兩派，均想拉攏，以期日後任何一方成功，日本都可以援助者及保護者的身分攫取利益。戊戌政變後，康、梁抵日，中山先生也在日本，而日本政府適由「進步黨」執政，於是犬養毅便出面促使雙方合作。此番舉動，表面上顯示出「進步黨」對中國採取親善政策，事實日本方面完全是基於自身的利益。（註二七）這是研究革命、保皇兩派離合問題，不可不先予認清的。

四、創辦新民叢報初期的革命言論

光緒二十八年元月一日，梁啟超於結束清議報後，又創辦了「新民叢報」。此報爲半月刊，每月一日、十五日發行，至光緒三十三年十月十五日停刊，共得九十六册，前後延續將近六年。「新民叢報」的宗旨，該報第一號所刊登的告白說：「一、本報取大學新民之義，以爲欲維新我國，當先維新我民。中國所以不振，由於國民公德缺乏，智慧不開，故本報專對此病藥治之，務採合中西道德以爲德育之方針，廣羅政學理論，以爲智育之原本。二、本報以教育爲主腦，以政論爲附從，但今日世界所趨，重在國家主義之教育，故於政治亦不得不說。惟所論務在養我國家思想，故於目前政府一二事之得失，不暇沾沾辭費也。三、本報爲我國前途起見，一以國民公益爲目的，持論務概公平，不偏於一黨派，不爲灌夫罵座之語，以敗壞中國者，咎非專在一人也。不爲危險激烈之言，以導中國進步當以漸也。」（註二八）至於報紙的內容共分圖畫、論說、學說、時局、政治、史傳、地理、教育、宗教、學術、農工商、兵事、財政、法律、國內短評、名家談叢等十六類（註二九）。

新民叢報的宗旨看起來相當溫和，此因梁啟超認爲維新國民，便可維新中國，所以不想再對清政府多事批評。所以他的「新民說」，由敍論到論國家思想，確是以教育國民爲目標。但進至「論進取冒險」、「論權利思想」、「論自由」、「論自治」等各節，其言論之激烈，與其溫和初衷，完全相反。此即新民叢報所以被目爲革命刊物的原因。新民叢報的溫和宗旨何以轉變？梁氏謂是清廷又復使他失望使然，他說：「辛丑之冬，別辦『新民叢報』，稍從灌輸常識入手，而受社會之歡迎，乃是意外。當時承團匪之後，政府創痍未復，故態復萌，耳目所接，皆增人憤慨，故報中論調，日趨激烈。」（註三十）

梁啟超在新民叢報寫的文章，約可歸納爲以下數類：㈠富有革命思想的，㈡有關民族思想的，㈢鼓舞愛國進取的，㈣介紹進化論的，㈤宣揚民主思想的，㈥財政與經濟的，㈦抨擊清政府的，㈧其他（註三一）。其中與革命或鼓吹革命有關的論著，大多發表於第一年。第二年梁氏赴美，不常撰稿，第三年雜務繁多，論說平平，第四年與「民報」論戰，「看來似全係反對革命之論，實際亦有不少文章無異間接鼓吹革命」（註三二）。

新民叢報一出，隨即風靡海內外，銷路之盛，遠超過以往的時務報和清議報。梁啟超於「清代學術概論」中說：「每一册出，內地翻刻本輒十數，二十年來學子之思想，頗蒙其影響。」黃遵憲致梁氏書也說：「『清議報』勝『時務報』遠矣，今之『新民叢報』又勝『清議報』遠矣。驚心動魄，一字千金，人人筆下所無，却爲人人意中所有，雖鐵石人亦應感動。從古至今文字之力之大，無過於此者矣。」（註三三）可以想見梁氏筆鋒影響力的深遠。

新民叢報是梁啟超自認一生中辦報最得意的時期，曾於「清代學術概論」中自言：「其文條理明晰，筆端常帶感情。」時人譽之爲「新文體」，國內士人爭相仿效，差不多影響了一代文風。胡適說：「梁先生的文章，明白曉暢之中，帶著濃摯的感情，使讀的人不能不跟著他走，不能不跟著他想。……我個人受了梁先生無窮的恩惠，現在追想起來，有兩點最分明：第一是他的『新民說』，第二是他的『中國學術思想變遷之大勢』。……『新民說』諸篇給我開闢了一個新世界，使我澈底相信中國之外還有很高等的民族，很高等的文化；『中國學術思想變遷之大勢』也給我開闢了一個新世界，使我知道四書五經之外，中國還有學術思想。」（註三四）蔣夢麟對「新民叢報」曾作過如下的介紹：「內容從短篇小說到形而上學，無所不包。其中有基本科學常識、有歷史、有政治論著、有自傳、有文學作品。梁氏簡潔的文筆，深入淺出，能使人了解任何新穎或困難的問題。當時正需要介紹西方觀念到中國，梁氏深入淺出的才能尤其顯得重要。梁啟超的文筆簡明、有力、流暢，學生讀來裨益非淺。我就是千千萬萬受其影響的學生之一。我認為這位偉大的學者，在介紹現代知識給青年一代的工作上，其貢獻較同時代的任何人為大。他的『新民叢報』是當時每一位渴求新知識的青年的智慧源泉。」（註三五）這些話確能道出梁氏當時辦報的實況。

新民叢報初期，梁啟超激烈的言論，乃以發揮民族主義、民權自由、破壞主義和革命排滿的理論為中心。梁氏的民族主義思想，充分地顯示在「國家思想變遷異同論」一文中，他認為「民族主義實製造近世國家之原動力」，欲救中國，舍建設民族主義的國家之外無他途（註三六）。既然主張民族主義，對於滿洲的統治自然不能予以承認。因此，他說中國民族「自周以來，而被戎禍」，「明興而後，勢更衰矣，一遇也先而帝見虜，再遇滿洲而國遂亡」（註三七）。可見此時他所倡導的民族主義，明白指出滿洲「非我族類」實在就是「革命」。

民權自由和破壞主義，是繼承清議報以來的一貫主張，而新民叢報時期乃較前更為充實、深入。梁氏認爲中國政治未能進步，實由於民權自由不發達所致，所以他說：「專制政體者，實數千年來家破亡國之總根源。」（註三八）可見他對專制政治的極端厭惡。梁氏又認爲中國當時的社會腐化已到了極點，政治也呈現混亂危亡之象，想要拯救中國，唯有經由破壞改造一途（註三九）。

梁啟超在新民叢報時代，公開表示他的救國意念和決心，提出革命排滿的主張，遂不得不與其師康有爲衝突。他在寫給康有爲的信中說：「日本以討幕爲最適宜之主義，中國以討滿爲最適宜之主義，弟子所見，謂無以易此矣。滿廷之無可望久矣，今日望歸政，望復辟，夫何可得？即得矣，滿朝皆仇敵，百事腐敗已久，雖召吾黨而用之，而亦決不能行其志也。先生懼破壞，弟子亦未始不懼，然以爲破壞終不可得免，愈遲則愈慘，毋寧早耳。且我不言，他人亦言之，豈能禁乎？」（註四十）梁啟超不以康有爲的主張爲然，振辭抗辯，可見兩人思想上發生嚴重的分裂。此處當注意梁氏民族思想的演變情形。

近代中國民族主義的演變，是一個十分複雜的過程，乃從中國「傳統的」民族主義轉變到「近代的」民族主義的發展。滿族入關建立清朝以來，爲統治上的方便，一面壓制漢人的反抗，一面提倡融合滿漢爲一體。然而有清一代，滿漢對立的情形依然相當嚴重。由於滿漢之間的對立，乃引起漢人的種族主義。梁啟超一方面深承中國的傳統思想，另一方面又積極地吸收西方的思潮，使他在民族思想上，不斷地改變主張（註四一）。

戊戌變法以前，梁啟超服膺康有爲的「今文學派」，以「春秋三世說」爲中心，主張破除種界，以天下大同爲最後目標；因此，他根據天下主義而提倡「平滿漢之界」，聯合所有黃種人，以對抗白種人（註四二）。這一個時期的梁啟超，基本上還保持著傳統中國的民族思想。

戊戌政變以後，梁啟超流亡至日本，眼見帝國主義侵略加劇，隨時可能瓜分中國，同時又接受西方思潮的洗禮，發覺民族主義所有的巨大力量，遂轉而頌揚民族主義。於是他便不再順從康有爲的主張，亟思脫其藩籬，在滿漢問題上，明白地表示出激烈排滿的言論。此時康氏正在海外倡設孔敎會，定國敎祭天配孔，梁氏却公然發表「保敎非所以尊孔子」一文，對康氏大加批駁，大有抉破康氏網羅束縛之態。

光緒二十九年，梁啟超應美洲「保皇會」的邀請，遊歷美洲，籌款發展會中事務。三月四日「由灣高華與勉兄書」中，他仍然不忘革命之事，說：「中國實舍革命外無別法。」（註四三）三月十八日給徐君勉的信中，雖然表示對康有爲的種種舉措有所悔悟，但是仍說：「長者（按：指康氏）此函責我各事，我皆敬受矣。惟言革事，則至今未改也。……弟深信中國之萬不能不革命，今懷此志，轉益深也。」（註四四）但是到了六月二十七日，梁氏的言論却有很大的轉變。在「致蔣觀雲先生書」中，他說：「然弟數月來，懲新黨棼亂腐敗之狀，乃益不敢復倡革義矣。」（註四五）爲什麼在短短的幾個月裏，梁氏的革命思想竟會突然的劇變呢？他自己解釋說：「啟超既日倡革命排滿共和之論，而其師康有爲深不謂然，屢責備之，繼以婉勸，兩年間函札數萬言。啟超亦不慊於當時革命家之所爲，懲羹吹虀，持論稍變矣，然其保守性與進取性常交戰於胸中，隨感情而發，所執往往前後矛盾；當自言曰：不惜以今日之我，難昔日之我；世多以此爲詬病，而其言論之效力亦往往相消，蓋生性之弱點然矣。」（註四六）於是他自美洲歸來後，言論大變，對從前所深信的破壞主義和排滿主張，不再倡導。

在梁啟超的心目中，認爲中國當前最緊要的問題，並不是內部的種族問題，而是整個國家存亡的問題。因此，他認爲中國所需要的是政治革命而非種族革命。所以他說：「苟以救國爲前提，則無論從何方面觀之，而種族革命總不能爲本身手段，爲直接手段。苟不含有政治的觀念，則直謂之無意識之革命焉可也。而政治革命則不爾爾，故吾以爲政治革命不徒當以爲手段，而且當以爲第二之目的。蓋政治革命之一觀念，與救國之一觀念，既連屬爲一體而不可分也。」（註四七）從此以後，梁啟超遂改易了他的言論和主張，將其注意焦點，放置在立憲運動方面，遠離了武力革命的論調。

〔附　註〕

註　一：梁啓超：飲冰室文集卷七八，頁一。

註　二：梁啓超：論學日文之益，文集卷二九，頁一八—一九。

註　三：梁啓超：文集卷三七，頁五八。

註　四：梁啓超，清代學術概論，頁七一。

註　五：梁啓超：大同譯書局敍例，時務報第四十二冊，頁三—四。

註　六：參閱新民叢報第九號，餘錄，車籍月旦敍論。

註　七：張朋園：梁啓超與清季革命，頁二七四。

註　八：清議報第一冊。

註　九：梁啓超：清議報敍例，清議報第一冊。

註一〇：梁啓超：清議報一百冊祝辭，清議報第一百冊。

註一一：馮自由：革命逸史初集，頁六三。

註一二：清議報第三十冊，頁六。

註一三：新民叢報第四十六冊。

註一四：張朋園：同前書，頁二七八。

註一五：張朋園：同前書，頁二七七—二八一。

註一六：李劍農：中國近百年政治史，頁二一八。

註一七：丁文江：梁任公先生年譜長編初稿，頁九〇—九一。

註一八：黃福慶：清末留日學生，頁二一五。
註一九：梁啓超：清代學術概論說：「啓超既亡居日本，其弟子李、林、蔡等棄家從之者十有一人，才常亦數數往來，共圖革命。積年餘，舉事於漢口，十一人者先後歸，從才常死者六人焉。」
註二〇：馮自由：中華民國開國前革命史，頁四一。
註二一：馮自由，同上，頁四四。
註二二：同註二一。
註二三：同註二一。
註二四：丁文江：同前書，頁一四〇—一四一。
註二五：張朋園：同前書，頁一三〇—一三一。
註二六：梁啓超：本報告白，新民叢報第一號。
註二七：齐冰峯：清末革命與君憲的論爭，頁四四。
註二八：梁啓超：本報告白，新民叢報第一號。
註二九：同註二八。
註三〇：梁啓超：民國元年蒞報界歡迎會演說辭，文集第五十七冊。
註三一：張朋園：同前書，頁二九一—二九四。
註三二：張朋園：同前書，頁二九四。
註三三：光緒二十八年四月黃公度致飲冰主人書，見丁文江：梁任公先生譜長編初稿，頁一五〇。
註三四：胡適：四十自述，頁一〇〇—一〇五。

註三五：蔣夢麟：西潮，頁三六。
註三六：梁啓超：中國之新民——論民族競爭之大勢，新民叢報第二號，頁三〇。
註三七：梁啓超：中國之新民——新民說十九（論尚武），新民叢報第二十八號，頁五。
註三八：梁啓超：中國之新民——中國專制政治進化史論，新民叢報第八號，頁二五。
註三九：梁啓超：中國之新民——新民說十一（續論進步），新民叢報第十一號，頁八—九。
註四〇：光緒二十八年任公致南海書，丁文江：梁任公先生年譜長編初稿，頁一五七。
註四一：楊肅獻：梁啓超與中國近代民族主義，近代中國思想人物論——民族主義，頁一一〇——一一一。
註四二：梁啓超：變法通義，時務報第二十七冊。
註四三：丁文江：同前書，頁一八〇。
註四四：丁文江：同前書，頁一八一。
註四五：丁文江：同前書，頁一八六。
註四六：梁啓超：清代學術概論，頁一四二—一四三。
註四七：梁啓超：申種族革命與政治革命之得失，文集卷十九，頁三。

伍、梁啟超的君憲論

光緒二十九年多，梁啟超自美返日，言論突然大變，令人十分驚訝。此時他轉入極端保守的立場，竟然不惜主張君主專制，曾慨嘆地說：「吾自美國歸來而夢俄羅斯。」（註一）從此不僅絕口不談破壞主義和革命排滿的言論，甚至連過去所醉心的共和政體，也一併放棄，而說：「至於鄙人之排斥共和，則豈惟演說，此後方將著書昌言之。」（註二）

光緒三十一年，中山先生所領導的「同盟會」成立，革命的風潮激盪全國，康、梁的「保皇黨」大爲恐慌，乃積極提出反對革命的呼聲，企圖撲滅革命的勢焰。於是以新民叢報爲基地，對同盟會的政綱發動猛烈的攻擊。「革命黨」也不甘示弱，隨即以「民報」爲陣地，予以強烈的反擊。雙方對壘，旗幟分明，論戰激烈。在這一場論戰中，梁啟超爲新民叢報的主筆，他以一人之力，力鬥「民報」汪精衛、胡漢民、章太炎等健將的圍擊，充分顯現了他在文字方面的才幹。

在革命與保皇的論戰期間，梁啟超始終操持「君主立憲」的主張，宣揚「忠君保皇」，反對以暴力手段推翻政府。他這一套溫和的改良主義，頗受國內士大夫的贊同，對於日後「立憲派」的行動，有指導和宣傳的功能。同時對於革命的成功，也直接、間接的有所幫助，玆詳述於後。

一、君憲思想的形成

所謂君主立憲，其目的乃在授民以權，讓全國人有共同參與政治的機會。此一運動的醞釀，由來甚久。同光年間，馮桂芬首先公開指出民權政治的重要，引經據典，論政治宜「善取衆論」。王韜也嘆服英國政治，謂治民之要，宜順民意。光緒初年，馬建忠受法國影響，認爲立議院而下情上達，成爲第一個指出議會要義的人。其後，鄭觀應謂有議院則「君民一體，上下同心」，陳虬認爲開議院爲當務之急。康有爲在其變法計畫中也有「設議院」一項，不過他的變法計畫雜遝繁複，並未成功。而後的議會運動，還需進一步的理論指導，康氏的高足梁啟超，厥爲立憲運動由萌芽而茁壯的領導人物（註三）。

梁啟超自光緒二十九年以至民國建立，其間一意爲君主立憲發言，期望中國能在漸進的道路上獲致改革，圖存圖强。他的這種主張，乃遠法西方哲人的思想，近取日本的維新事實交糅而成的。光緒三十一年，梁氏在新民叢報上發表「開明專制論」，提出了他的立憲主張。

所謂「開明專制」，在西方已百有餘年，人民的權利思想與義務觀念，得思想家之啟發於先，開明君主之讓權於後，君民糅合爲一體。日本也經過二十二年的準備，一方面尊君權，一方面導民權，始有明治維新的成功。因此，梁啟超乃著眼於民智的啟發和君主的開明，認爲中國唯有採行君主立憲，才能圖强。但是在君主立憲之前，還需要一段開明專制時期，亦卽此一階段爲君者可以繼續專制，但其態度必須趨向開明。同時得改進施政機關，提高行政的效率，並且廣設學校，啟發民智，使人民懂得如何行使民權，如此方能建立立憲的基礎。所以他說：「開明專制者，實立憲之過度也，立憲之預備也。」（註四）他的立論十分巧妙，認爲在瓜分危機重重的當時，中國實不宜革命，殆革命必使動亂發生，而予列强可乘之機；而中國也不宜驟然立憲，此因立憲需有合宜的條件，在人民智識水準未達一定程度之前，驟然行憲，只有徒致紛擾，所以應當採取開明專制，作爲立憲的預備基礎。

然而開明專制的時期要多久呢？梁啟超受日本明治維新的影響，認爲日本實行開明專制二十餘年，中國似乎也不能少於此。他在「開明專制論」中指出，預備立憲不是一蹴可及的，最速猶非十年乃至十五年不能致。又謂達到立憲的目的，「期諸十年、二十年以後」（註五）。可見他實際上也不知道究竟需要多久的時間來實行開明專制，不過總得政府接受此一理論，朝野一致合作，才有成功的機會。

綜上所述，梁啟超由於深怕激烈的革命會導致中國的混亂，而予列强瓜分中國的機會，因而力主採取溫和漸進的方式，由開明專制過度到君主立憲，一步步地走上民主之路。其中，讓他最感深刻的，就是日本明治維新的成功；日本原本一小國，由於採行君主立憲，而使國力强盛，一舉擊敗積弱不振的中國，使西方列强刮目相看，接著又擊敗西方列强之一的俄國，更使它取得了國際間强國的地位。梁氏有鑑於此，深覺君主專制的中國、俄國，均被君主立憲的日本擊敗，乃益覺君憲的可貴。

明治維新的事實使梁啟超體會出君主立憲確能達到富國强國的功效，而光緒二十九年旅美之行，所見所聞，對於他主張君憲論，也有相當重要的影響。梁氏在美國的半年期間，仔細地考察美國的政情，發現美國之所以能行共和政治，實因各州、市已先具備了共和國的條件，因此在聯邦政府尚未成立以前，各州、市已具有共和國的形態，進而結成共和體制，不致遭遇重大阻礙。他說：「美國之共和政體，非成於其國，而成於組織一國之諸省（州）。又非成於諸省，而成於組織一省之諸市。必知此現象者，乃可以論美國之政治，必具此現象者，乃可以效美國之政治。」（註六）其言外之意，即中國無美國之立國條件，自不能行共和政治。

梁啟超又見美國政黨鬥爭激烈，官吏貪黷比比皆是，直如市場。選舉造成政府官員的屢屢更迭，以致缺乏效率，且選出之人多屬庸碌之輩，並不一定屬一時之選；於是對共和政體愈發感到畏懼。同時他這次遊美，又看到舊金山華僑社會的紊亂和會館的黑暗，由此聯想到國內公局、公所、協會、學社等的不良情形，益加對共和政治產生懷疑，慨嘆中國人只能受專制，不能享自由。他說：「夫自由云、立憲云、共和云，是多數政體之總稱也，而中國多數、大多數、最大多數，如是如是，故吾今若採多數政體，是無異於自殺其國也。自由云、立憲云、共和云，如冬之葛，如夏之裘，美非不美，其如於我不適合！吾今其毋眩空華，吾今其毋圓好夢，一言以蔽之，則今日中國國民，只可以受專制，不可以享自由。」（註七）這就是梁啟超遊美之後，所以厭惡共和政治的原因。

此外，光緒二十九年梁啟超讀伯倫知理（Johann Kaspar Bluntschli）與波倫哈克（Conrad Bornhak）的書，也使他的君憲思想更形穩固。他在「政治學大家伯倫知理之學說」中說：「深察祖國之大患，莫痛乎有部民資格而無國民資格。……故中國今日所最缺點而最急需者，在有機之統一與有力之秩序，而自由平等直其次耳。何也？先鑄部民而使成國民，然後國民之幸福乃可得言也。如伯氏言，則民約論者，適於社會而不適於國家，苟弗善用之，則將散國民而復爲部民，而非能鑄部民使成國民也。故以此論藥歐洲當時干涉過度之積病，固見其效，而移植於散無友紀之中國，未知其利害之足以相償否也。夫醉生夢死之舊學輩，吾無望矣，他日建國之大業，其責任不可不屬於青年之有新思想者，今新思想方始萌芽耳，顧已往往濫用自由平等之語，思想過度，而能力不足以副之。芸芸志志，曾不能組織一鞏固之團體，或偶成矣，而旋集旋散，誠有如近人所謂，無三人以上之法國，無能支一年之黨派者。以此資格，而欲創造一國家，以立於此物競最劇之世界，能耶否耶？」（註八）此卽影響梁氏懷疑自由民權價值的理由之一。

至於波倫哈克的學說，梁氏所見者，爲其「國家論」一書。此書强調君主政治，抨擊共和政體，認爲共和必將導致民主專制，民主專制必產生革命相循環的惡果，必致國無寧日。波氏「國家論」於光緖二十九年由早稻田大學翻議成日文，梁氏所閱讀者殆卽日文譯本。閱讀之後，他說：「吾心醉共和政體也有年，國中愛國䟡踔之士之一部分，其與吾相印契而心醉共和政體者亦卽有年，吾今讀伯、波兩博士之所論，不禁冷水澆背，一旦盡失其所據，皇皇然不知何途之從而可也。如兩博士所述，共和國民應有之資格，我同胞雖不一具，且歷史上遺傳習性，適與被成反比例，此吾黨所不能爲諱者也。今吾强欲行之，無論其行而不至也，卽至也，吾將學法蘭西乎？吾將學南美諸國乎？被歷史之告我者，抑何其森嚴而可畏也。豈惟歷史，卽理論吾其能逃難耶？吾黨之醉共和、夢共和、歌舞共和、尸祝共和，豈有他哉？爲幸福耳，爲自由耳！而熟意稽之歷史，乃將不得幸福而得亂亡；徵諸理論，乃將不得自由而得專制。然則吾於共和何求哉？何樂哉？……嗚呼痛哉！吾十年來所醉、所夢、所歌舞、所尸祝之共和，竟絕我耶！吾與君別，吾涕滂沱。」（註九）此處明白地顯示出梁氏受伯倫知理與波倫哈克的深刻影響。而梁氏在與「革命黨」的論戰中，卽以此種理論爲張本。

日本維新運動和西方政治思潮給予梁啟超君憲論莫大的理論與信念。另外在師友方面，對他有深刻影響的，則是康有爲和黃遵憲。梁啟超爲康有爲的大弟子，在思想上深受康氏的束縛是很自然的事，雖然兩人屢次發生意見分歧，最後梁氏仍然回歸康氏陣營。此可自梁氏遊美之前，力倡革命排滿，迨受康氏移書相責，卽更張其說，可見一斑。

庚子事變以後，清廷爲了安撫人心，下詔預備立憲，康有爲等一班保皇黨大爲高興，準備有所作爲。但是清廷毫無誠意，一味地拖延，不但令保皇黨大失所望，連海外華僑都認爲保皇不如革命。於是美洲的華僑寫信給康氏，勸他不要再談保皇，應當效法華盛頓革命自立。因此，康有爲寫了一封長達兩萬言的公開信，大談中國只可行君憲，不能行革命的道理。

信中首先談到：統計歐洲十六個國家，除法國歷經革命、俄國依舊是專制政體外，其餘的都是立憲國家，沒有一個實行共和的。然而試觀法國革命之後，大亂八十年，流血幾百萬，現在各國的憲法，也以法國的最糟。其次，講民主的大國只有美國和法國，美國是新建立的國家，當時的人口只有四百萬，跟歐洲隔絕，一切都是新的，因而實行變革非常容易。所以法國革命無效，美國獨立成功。至於中國，地大人衆，歷史悠久，不但與美國不同，與法國也不同。中國有中國的特別國情，如果一下子要變成民主共和國家，那等於不用扶梯，想要跳上幾丈的高臺，不但跳不上去，還會摔壞身子的。接著大談一番「公羊三世」的道理，以爲君主專制、立憲、民主，必須循序漸進，紊亂了秩序，一定會發生大亂。於是又談到「戊戌之年，皇上赫然變法」，「我四萬萬人不待流血，不待力爭，而一旦得歐洲各國民自由民權之大利」，「有君如此，豈忍負之」？

康有爲又說，革命不是「一國吉祥喜事」，即使革命成功，像「李自成之入燕京，黃巢之破長安，劉、項之入關中」，然而以中國地域之大，人口之多，各地語言不相通，風俗習慣不相同，結果一定造成分崩離析的局面。接著又說，革命黨人拿民權自由來作宣傳，其實民權自由與革命爲兩回事，要民權自由，並不一定非革命不可。而且革命黨人多喜歡玩弄權術，爭奪小利，一旦革命成功，他們得到權位，面目一變，還不是個暴君？最後康氏說：「若夫僕者，受聖主之知遇，贊百日之維新，親受衣帶之詔，躬承籌救之責，數年以來，與諸公戮力，勤王無成，罪定萬死。夫朋友之交，猶貴久要不忘，安有君臣之際，受人之知遇，因人之危難，中道廢棄，乃反攻倒戈者乎？願諸君審度時勢，力終其忠義，厚蓄其實力，姑少待之，無誤於異論，無鼓動於浮言，無惑亂於少變，堅守『保皇會』義，聖主必復，中國

必全，幸福必至。」（註一〇）

以上是康有爲主張君憲，反對革命的言論，至於他主張師法日本的路線，見光緒二十四年正月初八日的上疏：「若夫美、法民政，英、德共和，地遠俗殊，變久跡絕。臣故請皇上以俄大彼得之心爲心法，以日本明治之政爲政治也。然求其時地不遠，教俗略同，成效已彰，推移卽是，若名書佳畫，墨跡尚存，而易於臨摹，如宮室衣裳，裁量恰符，而立可鋪設，則莫如取鑑於日本之維新矣。」（註一一）他主張變法學日本，乃因中日國情相似，日本變法，實行憲政，國勢驟强，因能擊敗中、俄，故宜加師法，所以他說：「若中國變法，取而鑑之，守舊之政俗俱同，開新之條理不異，其先後次第或緩或急，或全或偏，舉而行之，可以立效。其行而乖謬者，吾可鑑而去之，其變而屢攻者，吾可直而致之。但收日人已變之成功，而舍其錯戾之過節。日本爲其難而我爲其益，日本爲其創而我爲其因。按跡臨摹，便成圖樣。」（註一二）

比照梁啟超和康有爲的君憲主張，可以發現有不少相似之處，只是康氏的維新計畫過於繁雜，立憲的觀念並不十分清楚，僅將立憲思想播種，以及促成日後「立憲派」的萌芽。及康氏維新失敗後，領導地位被梁氏取代，梁氏立憲之論相繼推出，進一步指出君主立憲的眞正要義，乃在建立國會和設置責任內閣，君憲的觀念才趨於具體，上而影響朝廷，下而廣結

同志，使信服者在心理上先結合了。（註一三）

黃遵憲在維新變法運動裏，也是一位很重要的人物，思想見解大體與康有爲相似。戊戌以後的六、七年內，他和梁啟超時有書信來往，梁氏受他的思想見解的影響不小（註一四）。光緒二十八年五月，黃遵憲寫信給梁啟超，討論將來的政體，說：「僕初抵日本，所與遊者，多舊學安井息軒之門。明治十二、三年時，民權之說極盛，初聞頗驚怪，既而取盧梭、孟德斯鳩之說讀之，心志爲之一變，以謂太平世必在民主，然無一人可與言也。及遊美洲，見其官吏之貪詐，政治之穢濁，政黨之橫肆，每舉總統，則兩黨力爭，大幾釀亂，小亦行刺，則又爽然自失，以爲文明大國尚如此，況民志未開者乎？因於所著學術中論墨子略申其義。又歷三、四年，復往英倫，乃以爲政體當法英。」（註一五）這是黃氏在日、美、英諸國擔任外交官返國後，比較各國政制的得失而作的結論。

同年十一月，黃遵憲致梁氏一長函，討論民權自由、革命自立和將來政體各問題，其內容要點可歸納如下：

㈠中國政體必以英國爲師；中國的進步，必先以民族主義，繼以立憲政體。

㈡中國之民，不可無冒險、進取、破壞主義的理想；然未可見諸行事：中國經滿清二百餘年的統治，「胥天下皆瞢瞢無知，碌碌無能之輩」，「以如此無權利思想、無政治思理、無國家思想之民，而率之以冒險進取，聳之以破壞主義，譬如八、九歲幼童，授以利刃」，必至引刀自戕。

㈢歐洲國家的革命，多爲壓制過度所促成。中國專制之力不如此之甚，加以中國專制政體的制度設施，已使國家成爲一痲木不仁、痛癢不知之世界，不知民意、民權之爲何物，故雖有千萬盧梭，亦不能使之立，導之行。

㈣達到立憲之途，「或尊主權以導民權，或倡民權以爭官權」，二者可以殊途同歸，迹若相非，而事未嘗不相成。

㈤今之新進愛國之士，有唱革命者，唱族類者，主分治者，事必不成，而徒犧牲豪傑生民，卽幸而事成，以今日人民之愚，亦斷無善果，第恐以暴易暴，擾擾爭奪，無所底止。

㈥今日國家欲圖所以自存，所以自立者，大患尚不在內憂，而在外攘，「誠宜君臣上下，華夷內外，……同心協力」，以抗拒外敵。今愛國之士反唱革命分治之說，勢必授外敵以可乘之隙。

㈦啟超以爲「由君權而民政，一度之破壞終不可免，與其遲發而禍大，不如速發而禍小」。但世界之進步，由野蠻而文明，必積漸而至，不能躐等而進，一蹴而幾。以庚子拳禍爲例，如拳民之愚，與城破後士民官吏之寡廉鮮恥，何可用之以「行革命、族類、分治」？

(八)惟願因啟超等的宣傳，數年後「民智漸開，民氣漸昌，民力漸壯」，政府又因勢利導，先之以地方自治，然後達成立憲。倘政府頑固如故，守此不變，則在民智、民氣、民力既具之後，可以强之使分民以權。屆時縱仍不能消弭禍患，然「此政府之責，非公之咎也」。（註一六）

由上所述，與梁啟超「新中國未來記」一文比較，可以發現二者內容頗相近似。蓋黃遵憲的論點，理多平常，常人皆能道之，故梁氏文中有與之相合之處，自不足奇。然二者全篇之宗旨、主要之論點，乃至所舉之例與所用之辭彙，皆多雷同，則當非偶然（註一七）。梁氏於光緒二十九年底，逐漸放棄言革，而歸宗於君主立憲，黃氏之規勸，確有不小的影響力。

二、力持君憲的意義

梁啟超自光緒二十九年開始走向和平改革的君主立憲道路，他的態度是相當堅定的，雖然有時他仍不免於憤疾清廷的拖延敷衍，總認爲終有一日必可達到立憲的目的。宣統年間，梁氏一直在幕後指導立憲運動，直到武昌起義成功，他仍不肯放棄君主立憲的希望，與康有爲共同發表「虛君共和」之主張，甚至使出「和袁慰革，逼滿服漢」的八字方針，努力爭取君憲的施行。到底他所主張的君憲是怎麼一回事？其內容如何？以下即就梁氏有關君憲的理論，予以剖析，以見其眞實意義和價值。

光緒二十三年，梁啟超著「論君政民政相嬗之理由」，說：「博矣哉！春秋張三世之義也。治天下者三世，一曰多君爲政之世，二曰一君爲政之世，三曰民爲政之世。多君世之別又有二，一曰酋長之世，二曰封建及世卿之世。一君世之別又有二，一曰君主之世，二曰君民共主之世。民政世之別亦有二，一曰有總統之世，二曰無總統之世。多君者據亂世之政也，一君者升平世之政也，民者太平世之政也。此三世六別者，與地球始有人類以來之年限有相關之理。未及其世，不能躐之；既及其世，不能閼之。」（註一八）此爲深受康有爲「公羊三世」說影響下所有的政治思想。

光緒二十七年，梁氏著「堯舜爲中國中央君權濫觴考」說：「凡人群進化之階級皆有一定。其第一級則人人皆棲息於一小群之中，人人皆有自由，無有上下尊卑之別者也，亦名爲野蠻自由時代。其第二級因與他群競爭，不得不舉羣中之有智勇者以爲臨時酋長。於是所謂領袖團體者出以指揮其羣。久之，遂成爲貴族封建之制度者也，亦名爲貴族帝政時代。其第三級則競爭日烈，兼併盛行，久之，遂將貴族封建一切剷平而成爲郡縣一統者也，亦名爲君權極盛時代。其第四級則主權既定之後，人羣秩序已鞏固，君主日以專制，人民日以開明。於是全羣之人共起而執回政權，亦名爲文明自由時代。此數種時代，無論何國何族，皆循一定之原則而遞進者也。」（註一九）此乃梁氏綜合西洋古今學說以論人類政治的沿革。

由前舉梁氏之說，可以發現他的思想中，對於政治的發展持著一種進化的觀點，也就是每一階段皆自前一階段演變而來，然最後總要歸結到民權政治。由於他注重進化的等級，所以認爲中國當時的程度尚未達到及格，如果革命，則將致亂亡，遂堅決主張君主立憲爲適時之美政。

人民智識不夠，民權也非一蹴而及的，所以立憲政體必待民智稍開而後能行。中國民智閉塞，若驟然立憲，必然遭致欲速不達之困。本此見解，梁啟超乃建議於實行憲政之先宜爲逐漸進步之準備。在「立憲法議」一文中，提出改進的步驟：㈠政府派員考察外國憲政，㈡擬定及研究憲法草案，㈢公布草案，任國民公開討論，㈣定二十年爲預備立憲之期（註二〇）。此後，清廷派五大臣出洋考察憲政，下詔預備立憲，發布召開國會的期限，其辦法即大致與梁氏所論相似。

梁啟超認爲中國當時的實際情況，不能實行共和立憲，其主要的理由爲國民沒有共和國國民的資格，縱使革命也不能獲致共和。他認爲共和立憲的國家，有一相同之點，即議院政治（代議政治），因爲「議院政治恆以議院之多助寡助黜陟政府，故議院大多數人有批判政治得失之常識，此第一要件。……議院政治既恆以議院多助寡助黜陟政府，而多寡之數，與黨派有密切關係，故有發達完備之政黨，其第二要件。」（註二一）中國若行共和，則議會中人，非頑固之老輩，即一知半解之新進，其程度不過如此，則何可行議院政治？至於政黨，中國無三人以上之政黨，無能支一年之黨派，將來議院中二、三十人爲一黨，甚至一人爲一黨，如此則小黨林立，意見紛歧，何可達成監督政府補助的效能？因此，梁氏遂斷論：今日中國國民非有可以爲共和國民之資格者，今日中國政治非可採行共和立憲制者（註二二）。

實行革命，必定帶來破壞，如此則容易產生動亂，而予列强侵略中國的機會，所以梁啟超反對革命，主張君憲。他在「新中國未來記」中說：「所以當那破壞建設過渡時代，最要緊的是統一秩序，若沒有統一秩序的精神，莫說要建設建設不來，便是要破壞也破壞不到。兄弟啊！你說要革命，這可是你自己一個人可以革得來的麼？一定是靠著許多人聯著手去做，這却除了國民教育之外，還有甚麼別樣連成的妙法兒呢？……這便是和平的自由秩序的平等，亦叫做無血的破壞。好兄弟，我實告訴你罷，現在的民德、民智、民力，不但不可以和他講革命，就是你天天講、天天跳，這革命也是萬不能做到的。若到那民德、民智、民力可以講革命、可以做革命的時候，這又何必更要革命呢？」（註二三）因此，唯有採行君主立憲，才可以防止動亂。由於政府有維持秩序的能力，只要執政者能夠誠心改革，配合著議會，逐步地教導人民，使民智大開，屆時自然可臻於自由共和之域。

梁啟超主張的君主立憲，是一種虛君制度，乃取法於英、日兩國。英國爲君主立憲體制的國家，國王爲國家的代表，僅擁有小部分的權力，而大部份的權力乃操之於議會的手裏。日本明治維新也取法英國的模式，建立虛君的君憲體制。而兩國人民對君主保持適當的尊崇，君主對議會的決定也能給予相當的尊重，不僅使國家有維繫安定的支柱，又能讓國是的運作順利達成，所以兩國國力鼎盛。

關於虛君共和政體，梁啟超在「新中國建設問題」中，曾作了詳細的論述。他認爲在所有的共和政體裏，唯有英國式的虛君共和政體最合宜於中國。可是這種最適於中國的制度，何以不能施行呢？他慷慨憤慨的說：「嗚呼！吾中國大不幸，乃三百年間戴異族爲君主，久施虐政，屢失信於民，逮於今日而令此事殆成絕望，貽我國民以極難解決之問題也。吾十餘年來，日夜竭其力所能逮，以與惡政治奮鬥，而皇室實爲惡政治所從出，於是皇室乃大憾我，所以僇辱窘逐之者，無所不用其極。雖然，吾之奮鬥，猶專向政府，而不肯以皇室爲射鵠，國中一部份人士或以吾爲有所畏，有所媚，訕笑之，辱罵之；而吾不改吾度，蓋吾疇昔確信美、法之民主共和制決不適宜於中國，欲躋國於治安，宜效英之存虛君，而事勢之最順者，似莫如就皇統而虛存之。十年來之所以慎於發言，意即在是。」（註二四）梁氏對於虛君共和有強烈的信心，認爲果能施行，將較諸任何共和制度爲善。然而由於腐敗的清廷不能有分毫的禮讓精神，不能開誠布公的對待人民，雖然下詔預備立憲，却遲遲不肯實行，以至人心盡去，使最良善的虛君共和制無法在中國建立，實在令人可惜！

「新中國建設問題」是辛亥武昌起義成功後，梁啟超眼見革命之勢已難以抵擋，而作的無奈感慨。雖然革命成功了，梁氏却深恐引起全國的混亂，致引起列强的覬覦。在這種情況下，他只有希望全國人民做個明智的選擇，不要盲目的跟從革命。同時在他發表「虛君共和」的主張後，又遣人赴國內與各方面聯絡，冀有所成就。但是由於時勢所趨，他的君憲主張，終於爲革命的聲浪掩沒了！

其實梁啟超所主張的君憲，實具有過渡性質之意，與　中山先生所主張「軍政、訓政、憲政」的革命步驟，有些類似；此一主張爲　中山先生提出，由汪精衞筆述，於「民報」上刋登，原文說：「革命以民權爲目的，而其結果，不逮所蘄者，非本願，勢使然也。革命之志，在獲民權，而革命之際，必重兵權，二者常相抵觸者也。使其抑兵權歟，則脆弱而不足以集事；使其抑民權歟，則見軍政府所優爲者。宰制一切，無所掣肘，於軍事甚便，而民權爲所掩抑，不可復伸，天下大定，欲軍政府解兵權以讓民權，不可能之事也。……察軍權民權之轉捩，其樞機所在，爲革命之際，先定兵權與民權之關係。蓋其時用兵貴有專權，而民權諸事草創，資格未粹，使不相侵，而務相維。兵權一漲，則民權亦一漲；逮乎事定，解兵權以授民權，天下晏如矣。定此機關厥爲約法。革命之始，必立軍政府，此軍政府既有兵權，復秉政權。譬如既定一縣，則軍政府與人民相約，凡軍政府對於人民之權利義務，人民對於軍政府之權利義務，其犖犖大者悉規定之。軍政府發令組織地方行政官廳，遣吏治之；而人民組織地方議會，其議會非遽若今共和國之議會也，第監視軍政府之果循約法與否，是其重職。他日既定乙縣，則甲縣與之相聯，而共守約法；……推之各省各府亦如是。使國民而背約法，則軍政府可以强制；使軍政府而背約法，則所得之地咸相聯合，不負當履行之義務，而不認軍政府所有之權利。如是則革命之始，根本未定，寇氛至强，雖至愚者不內自戕也。洎乎成功，則十八省之議會，盾乎其設，軍政府卽欲專擅其道無繇。而發難以來，國民瘁力於地方自治，其繕性操心之日已久，有以陶冶其成共和國民之資格。一旦根本約法以爲憲法，民權立憲政體，有磐石之安，無漂搖之虞矣。」（註二五）

由軍事的掃除障礙，以至訓政的培養國民行使政權之能力，最後達成立憲政治。其間訓政爲承先啟後的環節，最爲重要：蓋軍政無法過渡至訓政，則易流於專制；訓政不能徹底教育人民，則憲政之目標，終不可致。梁啟超提出由開明專制進至君主立憲，其間同樣具有一啟迪民智的教化階段。然而革命派欲將腐敗已極的滿清政府徹底推翻，再施行其訓政、憲政，所以採取的手段，較爲激烈，不得不流血。梁氏的主張，則就現有狀態予以改革，不必經過爭鬥、流血，只須强化人民的民權教育，使議會政治普遍施行，最後也能完成立憲。與革命派相較，梁啟超的這種溫和政策，既可避革命之名，而達到革命的實效，於當時民智未開的環境裏，似乎較為適合。

梁啟超原本力倡革命的論調，後來礙於師命，不得不改變主張，使他內心痛苦萬分；因為一旦放棄原來大聲疾呼的言論，而立即更換另一種大相逕庭的論調，不論何人都是相當難堪的。而且一再的轉變立場，自然容易引起旁人的譏訕，謂其飄忽不定，毫無主見。於是在這十分矛盾的背景下，梁啟超仍思振作，為其退居保守的觀念，尋找較為合理的路線。經過一番冥思苦索，他認為欲求將來的言行，不致與早年的原意相去太遠，又不至忤逆康有為的師命，只有提出君主立憲的主張庶可做到。昔日他曾言：「保皇為名，革命是實。」而他却向來少提保皇二字。此時他又故技重施，提出「避革命之名，行革命之實」的策略，重新展開他的政治運動。

三、梁氏君憲的踐行

梁啟超亟力鼓吹君主立憲，對於清季立憲運動，起了相當大的影響。光緒三十一年，日本戰勝了俄國，使得倡議立憲的人振振有詞，認為日本之勝與俄國之敗，即由於有無憲法之故。反觀我國，數敗於列强，也是由於沒有憲法的關係。因此輿論界和官場中都以爲非立憲不足以振人心，非立憲不足以强國家。

日俄戰役停止後，清宗室中的開明份子，因鑑於日本以變法强國，多有維新的傾向，其中尤以端方主張最力。端於與梁啟超有密切的關係，彼此頻有書信往還，梁氏曾爲端方代草「考察憲政」、「奏請立憲」、「赦免黨人」、「請定國是」等一類的奏摺，逾二十餘萬言。由於端方等的力請，遂有派遣五大臣出洋考察憲政的事（註二六）。

光緒三十一年八月，清廷派遣五大臣出洋考察憲政，遇炸於車站，延至十一月始成行。張季直「嗇翁自訂年譜」說：「十一月，宗室載澤、端方、戴鴻慈、尚其亨、李盛鐸等復出洋考察憲法。先是鐵良、徐世昌輩於憲法亦粗有討論，端方入朝召見時，又反覆言之，載振又爲之助，太后意頗覺悟，故有五大臣之命。」（註二七）這是因爲慈禧太后自受八國聯軍的奇恥大辱後，雖然年已垂暮，也不得不修正其一貫的頑固態度，對於各方的要求，以半信半疑的態度，同意先從了解何謂憲政做起。其間梁啟超對朝中大臣的影響，有很重要的關係。當五大臣歸來，連摺敷陳各國憲法，認爲必須立憲。由於大臣皆言立憲有利，慈禧太后也只得俯順輿情，下詔預備立憲。

當時國內的知識份子和部分開明紳士，聯合起來要求立憲，逐漸形成了一個新的政治黨派——立憲派。他們的要求，獲得部分官吏的同情，終於逼使朝廷下詔宣布預備立憲。詔書公布後，遂使立憲運動完全合法，大大促進了立憲派的發展，立憲團體紛紛出現。在這種情況下，梁啟超特別活躍。他在「致蔣觀雲先生書」中說：「從此政治革命問題可告一段落，此後所當研究者，卽在此過渡時代之條理如何。」（註二八）此後梁氏成了立憲派的理論家，其言論指導著立憲運動的宣傳和行動。

梁啟超發動立憲派人士，迫使清廷及時召開國會，成立責任內閣。他認爲立憲由要求而得，非由欽定而得，派遣五大臣出洋考察憲政，與立憲前途並無多大關係，最多是小關係。因爲受了英國憲政發展的影響，他便想利用英國人的經驗，也來「權利請願」，達成其要求的目的。立憲派得梁氏的啟發，有了行動方針，此後轟轟烈烈的請願運動，便是在梁氏的理論指導下進行的（註二九）。

不久，梁啟超力促康有爲趕在光緒三十三年元旦前，宣佈將保皇會改組爲「帝國憲政會」。但他深知由康有爲主持的保皇會，多年來早已渙散，難有大發展；而且康有爲的名字在國內十分遭忌，更難在國內立足。而梁氏希望通過立憲運動重返國內政壇，所以急需在國內發展力量；於是他邀請戊戌時代的老朋友熊希齡和當時在日本留學的楊度，一起籌商建立新的立憲團體。

梁啟超與熊希齡、楊度、蔣智由、徐佛蘇等，幾度商量，打算聯合國內力量，組成一黨。後來因與楊氏意見不合，楊氏自組「憲政公會」，梁氏則與蔣氏、徐氏等組成「政聞社」，這便是梁氏此後的不流血運動機關，也即是他的政治改革組織（註三〇）。光緒三十三年十月，「政聞社」正式成立，同時並發刊「政論」雜誌。梁氏在他起草的「政聞社宣言書」中，提出了實行國會制度、建立責任政府的政治目標。並且特別聲明：「其對於皇室，絕無干犯尊嚴之心；其對於國家，絕無擾紊治安之舉。」（註三一）企圖得到滿清政府的容納。

對於以　中山先生所領導的革命派，梁啟超明確提出了鬥爭的方針。他在「致康有爲書」中說：「今者，我黨與政府死戰，猶是第二義，與『革命黨』死戰，乃是第一義；有彼則無我，有我則無彼。」（註三二）由此反映出立憲與革命兩派的對立，同時也反映出同以海外爲基地，同以華僑爲經濟後援的兩黨之間激烈爭奪的情況。

「政聞社」的活動一直很不順利。在東京錦耀館開成立大會時，就遭到革命派人士的攻擊，弄得狼狽散場。以後革命派卽以梁啟超及其追隨者爲革命活動的主要障礙，展開嚴厲的批評。光緒三十四年初，「政聞社」本部內遷到上海，梁氏將徐佛蘇、湯覺頓等許多重要幹部都派回國內，希望與各地立憲派聯絡，共同參與策動國會請願運動。有些政聞社的社員竭力鑽營幕府，企圖爭取官吏的同情。然而由於其他立憲團體的排斥，以及國內某些立憲派上層人物不願與康、梁往來，勢頗孤單。

盡管梁啟超向朝廷做出忠順的表示，但是朝廷對康、梁的活動，始終懷有疑忌。特別是戊戌政變以來，與康、梁結怨甚深的袁世凱，對康、梁的活動尤有戒心。光緒三十四年八月，出現一次國會請願運動的高潮，在各省紛紛掀起國會請願簽名運動時，屬政聞社的法部主事陳景仁奏請定三年召開國會，并要求把主張緩行立憲的赴德國考察憲政的大臣于式枚革職，以謝天下。如此一來，激怒了朝廷及所有守舊大臣（註三三）。康、梁的宿敵袁世凱乘機進言，敦促朝廷下令查禁政聞社。當時清廷正苦於無計可應付請願運動，遂立即藉此下令將陳景仁革職，查禁政聞社，該社的機關刊物「政論」也同時停刊。政聞社被迫解散，對梁啟超是個嚴重打擊，而且也大出他意料之外，所以他曾努力謀求挽救，然而終無效果，政聞社還是不得不宣告解散。

康、梁及其黨徒並未因政聞社被禁而停止活動，他們繼續參與國會請願運動，同時加緊進行倒袁和謀求開放黨禁以及赦免康、梁的活動。（註三四）此時梁啟超看出戊戌之案不能徹底昭雪，就很難順利開展其政治活動，很難與國內立憲派公開的、廣泛的聯繫，也沒有希望重返政治舞臺。為了爭取開放黨禁，梁氏在康有為的經濟支持下，用了最大的力量去拉攏上層滿清權貴。首先與民政部尚書肅親王善琦建立了較密切的關係。其次對度支部尚書貝子載灃、陸軍部尚書鐵良等也都曾加意聯絡。對貪圖賄賂的首席軍機大臣慶親王奕劻，也不曾放過，但是都沒有收到預期的效果。

梁啟超爲立憲運動的理論指導者，然而他本人因遭朝廷通緝，不得回國，只得在海外利用報紙宣傳他的君憲主張。宣統二年二月，「國風報」創刊，梁啟超連篇累牘的發表議論，一方面從學理上論述國會與責任內閣問題，一方面激烈抨擊滿清政府堅持專制，阻撓速開國會的拖延政策。他說：「國民所以哀號迫切，再三吁訴者，徒以現今之政治組織循而不改，不及五年，國必大亂以至於亡。」（註三五）他指斥那些阻撓國會的貴族樞臣「寧亡國滅種而必不肯舍一己一時之富貴利祿」（註三六），罵他們「心如虎狼，行如禽獸」（註三七）。梁啟超又指出清政府行所謂預備立憲，「新頒法令，多如牛毛」，然「頒布自頒布，違反自違反，上下恬然，不以爲怪」。

梁啟超善於宣傳鼓動的本領，在立憲運動中再一次發揮了作用。但對於實際運動的組織和領導，由於身在海外，無法回國，所以不得不讓位於國內那些立憲派的領袖們。然而梁氏關心立憲，絲毫不曾動搖。

宣統元年秋，各省諮議局正式成立，從此展開了連續三次規模盛大的請願運動。在第三次請願的高潮中，梁啟超派他的得力伙伴湯覺頓冒充日本華僑代表參加請願。此時他給湯氏的實際任務是入京投拜權貴，爭取開放黨禁，請願代表不過是一種合法掩護身份。當時朝中權貴都苦於應付國會請願問題，儘管湯覺頓各處奔走，結果仍未達到目的。他寫信給梁氏說：「今通觀京河上下，無一人反對此事者。然皆應付國會問題，不暇及此。」後來國會請願運動被清政府鎮壓而失敗，梁氏要求開放黨禁的願望，直到武昌起義爆發，始終未能實現。他對清政府極盛失望，然而當他的朋友徐佛蘇在給他的信中，屢次流露同情革命的情緒時，他却明確表示，仍不贊成暴力革命：「弟昨日見一極要之人，述途中政界實狀甚悉，所謂憲政改革云者，誠無復一線希望，然弟終不以此自沮，蓋弟向來不望政府，若民間能有希望與否，則此責任仍在吾輩耳。故弟於政府之態度，雖未嘗不日覗其向上，惟本原則不在此，故聞此亦不驚也。今日國之存亡，實全繫於吾黨同志之少數人，此少數人者，若起厭世思想，則國眞萬刼不復矣。」（註三八）

但是梁啟超在宣統三年初春，於「中國前途之希望與國民之責任」中宣告，我國貧弱與處處不如人的原因，「則徒以現今惡政府之爲梗，我國民不併力以圖推翻此惡政府，而改造一良政府，則無論建何政策，立何良法，徒以益其敝而自取荼毒」。於此，他似乎又萌生了革命的思想。然而他所謂的「推翻此惡政府」，只不過是希望變更滿淸政府的某些成員而已，並非眞正的、全面的流血革命，也就是發動一次小型的政變，改換執政的人，其餘則一律仍舊不變。因此，自本年夏季以來，梁氏卽策畫加緊利用宮廷的矛盾，企圖通過軍諮府大臣載濤、海軍大臣載洵和禁衞軍統領良弼，內而利禁衞軍，外而籠絡近畿將領吳祿貞「爲我用」。於是積極準備實行政變，推翻奕劻、載灃一派，擁戴載濤爲總理，建立一個符合立憲派要求的滿清政府。武昌起義爆發，打破梁啟超的原訂計畫。於是他急電國內立憲派，「用北軍倒政府」，策動灤州兵諫和吳祿貞起兵，並「運動各省督撫暫倡自立」，孤立清廷。同時他立卽離日歸國，奔走於瀋陽等地，力圖坐鎭北京，親自指揮，執行「逼滿服漢」的計畫（註三九）。他與康有爲適時提出「虛君共和」的主張，欲使革命派與滿清政府妥協，以保住清廷的地位。後來因爲時局對梁氏不利，他只好折返日本。

清末的立憲運動中，梁啟超扮演了一個十分重要的角色，他一再强調君主立憲的優點，同時又不遺餘力地揭露朝廷的專制、腐敗和賣國，這並非做作，而是他强烈要求改革政治，實現君主立憲的自然流露。二十世紀初年，愛國和民主革命成爲中國不可抗拒的洪流。立憲派僅以和平請願方式表達他們愛國及反對專制的願望，縱然如此，也遭到清廷的蠻橫拒絕，以至鎭壓、流放和追捕。其中梁啟超不省故土十三年，遭遇之慘，可算是立憲派人物中最爲嚴重的；因此，他極端仇視慈禧太后、載灃之流，甚至試圖用暗殺、政變的方式來結束專制的統治。

梁啟超在國會請願運動中，不僅是前臺的鼓動家，而且是幕後的指揮者。當第一次請願運動被拒絕後，梁氏曾致函「憲友會」常務幹事徐佛蘇、孫洪伊，「當作第二次、第三次之激進請願，不達到即開國會的目的不止」（註四〇），所以孫洪伊在第三次請願書中，措辭甚爲激昂，說：「政府如再不恤國民痛苦，不防革命禍亂，立開國會，則代表等惟有各歸故鄉，述訴父老以政府失望之事，且代表等今後不便要求國會矣。」（註四一）對此，徐佛蘇解釋說：「其言外之意，係謂政府如再不允所請，則吾輩將倡革命矣。」（註四二）當清廷勒令全體請願代表出京，各代表極其憤怒，當晚約集在某報館中秘議，決定「各返本省，向諮議局報告清廷政治絕望，吾輩公決秘謀革命，並即以各省諮議局中之同志爲革命幹部人員。若日後遇有可以發難之問題，則各省同志應即竭力響應援助起義獨立」（註四三）。清廷的高壓政策，終於迫使立憲派走上「逼滿」的道路。立憲派對滿清政府態度的改變，遂成爲梁啟超提出「逼滿服漢」策略的依據。

綜觀梁啟超在清末整個立憲運動中，始終抱著熱烈的態度，雖然未能身與其事，但是幕後的指導，以及言論的宣傳，在在都產生了十分有力的影響。同時期的革命派，其革命行動未曾稍停，努力不懈地起義，終於武昌一役獲得成功。然而在梁啟超的眼中，這種激烈的變革，實在不適合當日的中國，因而提出「虛君共和」、「逼滿服漢」等策略，希望使暴力流血減至最低的限度，以便早日完成立憲的目標。從辛亥革命後，梁氏積極與袁世凱合作，以及當時革命派與袁氏的妥協，都可看出當時人們厭惡暴力血腥的禍亂，亟求和平改革的心態。

【附註】

註一　梁啓超：中國之新民——政治學大家伯倫知理之學說，新民叢報第三十八、三十九號合訂本，頁四九。

註二　梁啓超：辨妄再白，新民叢報第三年第一號。

註三　張朋園：立憲派與辛亥革命，頁二—三。

註四　梁啓超：開明專制論，新民叢報第四年第二號，頁一一。

註五　梁啓超：申論種族革命與政治革命之得失，新民叢報第四年第四號，頁六〇。

註六　梁啓超：新大陸遊記，飲冰室文集卷二二，頁一三五。

註七　梁啓超：同上，飲冰室文集卷二二，頁一二四。

註八　梁啓超：同註一，頁三二—三三。

註九　梁啓超：同註一，頁四七—四九。

註一〇　參閱康有爲：致美洲華僑論中國只可行君主立憲不可行革命書。

註一一　康有爲：應詔統籌全局摺，戊戌奏稿補錄，頁三。

註一二　康有爲：日本變政考序，日本變政考，頁一。

註一三　張朋園：同前書，頁九。

註一四　丁文江：梁任公先生年譜長編初稿，頁一五九。
註一五　黃遵憲：東海公來函，新民叢報第十三號，頁五五。
註一六　參閱辛亥革命前時論選集第一卷上冊，頁三三一—三三六。
註一七　王德昭：黃遵憲與梁啓超，近代中國思想人物論——晚清思想，頁六六四。
註一八　梁啓超：文集卷二，頁七。
註一九　梁啓超：文集卷六，頁二五—二六。
註二〇　梁啓超：文集卷五，頁五。
註二一　梁啓超：開明專制論，新民叢報第四年第三號，頁三四。
註二二　梁啓超：同上，頁三七—三八。
註二三　新小說第一號，頁七三。
註二四　梁啓超：新中國建設問題，文集卷三四，頁一四。
註二五　民族的國家，民報第二號。
註二六　丁文江：同前書，頁二〇三。
註二七　張季直：嗇翁自訂年譜卷下，頁一八。
註二八　丁文江：同前書，頁二一二—二一三。
註二九　張朋園：立憲派與辛亥革命，頁四八—四九。
註三〇　參閱徐佛蘇：創辦政聞社之主義及其源流，梁任公先生年譜長編初稿，頁二四九—二五〇所引。
註三一　政論第一號，飲冰室文集卷二十，頁二八。

註三二　梁啓超：與夫子大人書，梁任公先生年譜長編初稿，頁二一九。

註三三　丁文江：同前書，頁二八四—二八五。

註三四　丁文江：同前書，頁三〇二—三〇三。

註三五　梁啓超：論政府阻撓國會之非，國風報第一年第十七號。

註三六　梁啓超：國會期限問題，國風報第一年第十七號。

註三七　梁啓超：爲國會期限問題敬告國人，國風報第一年第十七號。

註三八　梁啓超：與佛蘇吾兄書，見丁文江：梁任公先生年譜長編初稿，頁二一二。

註三九　丁文江：同前書，頁二三九。

註四〇　徐佛蘇：梁任公先生逸事，見丁文江：梁任公先生年譜長編初稿，頁三一四。

註四一　同註四〇。

註四二　同註四〇。

註四三　徐佛蘇：梁任公先生逸事，見丁文江：梁任公先生年譜長編初稿，頁三一五。

陸、結　論

任公在變法通議中指出，中國自秦至淸二千多年來，爲患中國的都是四鄰弱小民族；因此，在此期間，歷代在政治、經濟、文化乃至社會風俗習慣，多墨守成規，亦無太大的變動。然至淸代中葉，面對西方帝國主義侵凌下，終而數千年未有之變局業已來臨。所謂海防運動、自强運動、維新變法，或國民革命，都可說中國爲適應此一新時勢的一連串回應；而戊戌變法卽爲其中重要的一環。

中國對西方的回應，無論保守派人士，如大學士倭仁之流，主張重內治輕洋務；或者對西洋認識不深，主張模仿西法的魏源、曾國藩、李鴻章等，本「師夷之長技以制夷」的原則，推行自强運動；或者深受甲午之役的刺激，深知中國積弊已深，主張急進派的維新變法和國民革命，兩者都要求非澈底改革不能圖强。這些回應，無論是自發的或被迫的；無論是緩進的或急進的，其基本上原則是在求變與應變。

自鴉片戰爭以來，中國在對外的戰爭中，一再的失利，不僅割地、賠款，甚至有遭到被瓜分而亡國滅種之虞；於是引起部分有志之士的覺醒，疾力地呼籲改革弊政：首先出現的是同光年間的自強運動，經過二十年的努力，不料却於甲午一役敗給東方小國——日本，使所有的改革缺失暴露無遺。有識者懲於以往洋務運動失敗的教訓，知道徒從科技入手的改革，只能學到一些皮毛，得不到實際的效益，遂主張從根本制度上予以全面的更易，這就是維新變法運動產生的原由。梁啟超便是戊戌變法維新運動中的重要人物之一，而且是對日後中國政局影響力最大的一個人。

維新變法與國民革命都肇始於甲午之役前，採取積極的行動也都在甲午之役後，這證明一件事實，那就是外患的轉劇，暴露出清廷的腐化無能，激勵了愛國志士進行改革運動。戊戌變法是值得我們特別注意的，他們的主張乃全面性的變革；任何改革，無論片面或局部的改革，幷無多大績效，自強運動的失敗卽一明證。而徹底的革新與革命是不同的，但却具同等的功效，也均達到變法圖強的目標。因此，戊戌變法雖是短暫的，它所代表的時代意義是不容忽視的。

梁啟超生長的背景，正是一個內憂外患夾擊，國事日非，民窮財盡的艱困時代。由於目睹時艱，使得梁氏產生變法革新的念頭，乃思運用其所學，啟迪社會，激發民心，改造中國成爲一個强盛富裕的國家。

梁啟超早年接受的是中國傳統的私塾式教育，讀的是四書五經，學習的是帖括、訓詁、詞章。至十八歲，聞康有為名動公卿的清譽，乃因陳千秋之介，拜於康氏門下，其思想至此更大為開啟。其後，梁啟超又大量閱讀西方翻議書籍，對於西學有所認識，更加開拓了他的思想領域。他一生的言論著作，非常豐富，幾達一千四百餘萬言，而且「筆端常帶感情，別有一種魔力」，「能言人口中之所不能言，心中之所欲言」。因此，對於同時代的社會民心，形成十分鉅大的影響。

年輕有為的梁任公，深受日本侵華的刺激，決心從事救國運動，他的一生受庭訓、業師康有為，以及譚嗣同，和黃遵憲的影響是極顯然的。任公初受業於康有為，梁氏自稱他的一生修身處世、懷疑、革新思想始於萬木草堂，此言不虛。譚氏的「仁學」，主張衝破網羅，打破一切的束縛，認為世界一切都是平等的。此一觀念，梁氏是忠實的執行者，而使自己超越了康有為，為眞理奮鬥不懈。黃氏力主英國君主立憲的基本觀念，實際上與民主共和幷無差異，試觀黃氏在湖南推行的新政如南學會、保衞局，已經到了圖亡的準備，為漢人假「新政」之名，行「獨立」之實。聰慧、熱誠的梁氏，至此已覺察到滿漢勢不兩立，潛伏的民族主義油然而生，因此，梁氏變法思想早於光緒二十四年百日維新前已奠定基石，所不同於康、譚、黃三氏者，梁氏較康、黃年輕；譚氏的生命有如一顆閃耀的彗星，而戊戌變法的中心人物實非梁氏莫屬。

梁啟超以言論起家，一生中創辦和主持過的報刋，爲數不少。其中又以戊戌變法至辛亥革命期間的「中外公報」、「時務報」、「清議報」、「新民叢報」、「新小說報」、「政論」、「國風報」等影響最深遠，對於近代中國的啟蒙運動、思想解放，及民國的催生，有直接、間接的助力（註一）。他在報刋上檢討清廷積弱不振的原因，强調唯有經由變法的途徑，才能挽救中國的危亡。而談到救中國的方式，首要之務，卽爲授權國民，讓全國人民共同擔負國家興亡的責任。這種利用言論機構發言，希望以自己的言論去爭取同情，喚取民衆的求變思想，使得梁氏逐漸在輿論界嶄露頭角，進而執言論界之牛耳（註二）。

在「時務報」時期，梁啟超檢討歷代專制政治的弊病時，提出了民族問題，隱約地流露滿漢的不平。迨其鼓吹民權思想不爲清廷所容納，獲罪逋逃，民族意識乃愈趨高昂，決心不再扶持滿清政府（註三）。在日本創辦清議報期間，梁氏大肆宣傳天賦人權、生而平等、三權分立說，充分發揮了傳播新知的功能，使讀者景仰萬分。同時，他憤於頑固守舊派不肯接受變法，乃大力指責慈禧太后、榮祿、剛毅之輩誤民誤國，篇篇文章都表露出反淸的民族思想。當時國人的民族意識受了梁氏的宣傳影響，逐漸地高漲，不少血性青年紛紛投入革命的陣營，如：烈士吳樾，自承深受淸議報的影響，以梁啟超之主義「爲我之主義」，甚至連他的排滿仇滿情緒，也同梁氏對慈禧太后的攻擊有關（註四）。在宣傳革命方面立下首功的鄒容，敍述當時如飢似渴地「瀏覽種種新籍書報」，立志繼承譚嗣同的未竟事業。在他留學日本時，與梁啟超往來密切，受其感化頗深。就讀東京高等大同學校的馮自由，在梁氏的親自指導下，「博覽群書，……遂於平等自由、天賦人權之學說，及世界革命、民族自決之源流，豁然貫通，更印證興中會宣誓之宗旨，若合符節」，乃益覺革命「刻不容緩」（註五）。由上舉諸例看來，梁氏所宣傳的種族革命論，其影響既深且遠，連革命派份子都受到了梁氏的感染。

然而在革命浪潮日益高漲的時刻，梁啟超突然急轉直下，竟宣說武力革命不適合中國當前情勢的需要，而力持君主立憲之說。這種轉變，不僅在當時，即使到了今日，都讓人感到相當的驚訝。梁氏的轉變，部分受其師康有爲的感情左右，而深怕帝國主義者趁中國革命亂起，瓜分中國，則爲主因。

梁啟超的君憲論，係英、日式的虛君立憲，不同於傳統的君主專制；而與共和制並無太大的差異。梁氏何以欣賞這種虛君共和呢？此因他當年遊歷美洲之際，目睹美國的民主共和制度，尚未臻於理想，由當時政壇混亂、黑暗的現象，以及美國政府處理外交事件的一連串失誤，在在證明美國式的民主制度本身確有缺失，梁氏的觀察力之細微透徹，誠爲時人所不及。而且當時中國的民智未開，人民對民主共和沒有深刻的認識，猝然予以施行，必然形成混亂。革命行動往往造成相當嚴重的破壞，很容易破壞原有的安寧與秩序，引發全面性的暴亂，屆時如果沒有一個强力的中央政府，則難以使社會國家安定。因此，梁氏主張君主立憲，純係爲了國家圖生存着想。況且他所主張的君主立憲，乃以漢族爲中心，並非有意擁護清皇。

中國傳統的忠君觀念，千餘年來，根深柢固，想要掃除，並非易事。士紳爲中國政治和社會的中堅份子，雖然眼看國家勢處危亡，傳統政治的不足以有爲，勢須更革；然而他們欲改革舊制度，也要建立新制度，同時還要推行日常的政務。換言之，卽現實環境逼使他們不可能採取激烈的手段來解決問題（註六）。於是他們對於激烈革命家的鼓吹和煽動，帶著恐懼及懷疑的心理；往往視革命家爲危險人物，甚至斥爲叛逆，咒罵他們是不切實際的狂徒，很少會聽信他的宣傳（註七）。梁啟超在鼓動維新變法之初，卽早已洞悉士紳在中國政治和社會中的强大力量，遂標擧君主立憲的旗幟，希望爭取他們的合作，使改革能夠容易進展。這是爲了配合中國歷代以士大夫階級爲領導中心的國情，所做的明智之擧。

梁啟超改變了革命、破壞的口號，而他所行的仍是革命之實。這可從梁氏一連串的行動得到證實：先是組織「政聞社」，鼓動和宣傳君主立憲，參與「國會期成會」，簽名請願速開國會，並爭取權貴，拉攏地方士紳。「政聞社」被查禁後，又藉宣統元年九月各省諮議局的成立，聯絡各省駐京代表結成團體，從事開國會的請願工作。一方面策進國內的運動，一方面以言論與之配合。梁氏的議論雖然沒有說服滿清政府，完成其立憲主張，但是卻大大地鼓舞了革命的聲勢。因此，梁氏的「避革命之名，行革命之實」，實與革命派的行動「異曲而同工」（註八）。因爲梁氏深信「假保皇之名，行革命之實」的君憲論，較能使滿清統治階層接受，可以減少阻力，在走向民主共和的歷程上，更能產生實際的效果。

君憲論的虛君之說，與 中山先生主張的訓政時期，意義相似。其時孫氏的革命思想正由理論進入實際的時期，梁啟超雖持反對的立場，提出不同的主張，反而產生監督和鞭策的作用。事實上，兩人的主張，都是在實行立憲之前，安排一段過渡時期，以便教育群衆，使之瞭解民主的眞諦，以利將來的憲政發展。他們的終極目標是相同的——伸民權、倡民主，只不過採取的方式略有差異罷了。

清末革命與保皇的論戰，梁啟超獨立奮鬥，雖然終遭挫敗，然而他的君主立憲論調，仍舊產生鉅大的影響。他的主張甚受當時士大夫階級和一部分滿清權貴的歡迎，希望藉由梁氏的理論繼續把持其統治權和既得之利益。正由於權貴的自私之念，不肯誠心接受君憲的思想，確實予以實行，反而一再拖延，並藉機安插滿族權貴位居要津，以致大失民心，終有武昌起義，滿清覆亡，民國成立。梁啟超苦心孤詣籌畫的君憲主張，英雄無用武之地，得不到試驗的機會，對梁氏而言，這確是令他扼嘆不已的一件事！但是我們要認清一件事實，那就是，梁氏的一生，無論在戊戌政變前後，他的政治抱負和理想——書生報國大志，從未更易，他對國民革命的影響，間接協助，也因此可以印證，應當重新加以評價，作正面的肯定，不可再有人云亦云！

【附 註】

註 一：張朋園：梁啓超與清季革命，頁二五三。

註 二：張朋園：同上，頁三二四。

註 三：張朋園：同上，頁三二五。

註 四：馮自由：革命逸史第三冊，頁一九四。

註 五：馮自由：革命逸史第二冊，頁三六。

註 六：張朋園：立憲派與辛亥革命，頁二四三—二四四。

註 七：張朋園：同上，頁二四一。

註 八：張朋園：梁啓超與清季革命，頁一七七—二〇一。

主要參考書目

甲、文獻

楊家駱主編　光緒朝史科彙編　鼎文書局
大清德宗景皇帝實錄　台灣華文書局
楊家駱主編　戊戌變法文獻彙編　鼎文書局
中華文國開國五十年文獻　編彙委員會

乙、專　著

丁文江　梁任公年譜長編　世界書局
梁啟超　飲冰室文集　台灣中華書局
梁啟超　飲冰室全集　文化書局
梁啟超　清代學術概論　中華書局
梁啟超　戊戌政變記　中華書局

康有爲　戊戌奏稿補錄　商務印書館
康有爲　日本變政考　商務印書館
馮桂芬　校邠廬抗議
王　韜　弢園文錄外篇
翁同龢　翁文恭公日記
馬建忠　適可齋紀言紀行
薛福成　庸盦全集
鄭觀應　盛世危言
何　啟　胡禮垣　新政眞詮
亓冰峯　清末革命君憲的論爭　商務印書館
馮自由　革命逸史　中華書局
馮自由　中華民國開國革命史　世界書局
李劍農　中國近百年政治史　商務印書館
屠炳春　中國近代史要略　省立台北師專叢書
李守孔　中國近代史　台灣學生書局

郭廷以　中國近代史綱　香港中文大學出版社
蕭一山　清代通史　商務印書館
蕭一山　中國近代史概要　三民書局
王樹槐　外人與戊戌變法　中研院近代史研究所專刊(12)
李定一　中國近代史　中華書局
黃彰健　戊戌變法史研究　中研院歷史語言研究所專刊(14)
張朋園　梁啟超與清季革命　中研院近代史研究所專刊(11)
張朋園　立憲派與辛亥革命　商務印書館
黃福慶　清末留日學生　中央研究院近代史研究所專利(34)
胡　適　四十自述　中華書局
蔣夢麟　西潮　中華書局

丙、專　論

謝　康　閒話梁啟超　中外雜誌二三卷五期
吳萬頌　鄭觀應的教育思想　大陸雜誌史學叢書
王德昭　黃遵憲與梁啟超　近代中國思想人物論時報出版公司

李　雄　康有爲梁啟超維新運動評價　反攻一七七期
任映滄　戊戌變法與中國的民主運動　政治評論二卷五期
石　錦　清末自强觀的內容分野及其演變　思與言五卷一期
蔡安心　清末梁啟超的種族革命論及其轉變　史苑三十期